KB052302

신교육을 위한
주영신의 어록

신교육을 위한
주영신의 어록

초판1쇄 인쇄 2020년 8월 12일
초판1쇄 발행 2020년 8월 17일
지 은 이 주영신(朱永新)
옮 긴 이 김승일(金勝一)
발 행 인 김승일(金勝一)
디 자 인 조경미
출 판 사 경지출판사
출판등록 제 2015-000026호

잘못된 책은 바꿔드립니다.
가격은 표지 뒷면에 있습니다.

ISBN 979-11-90159-43-2 (03370)

판매 및 공급처 경지출판사

주소: 서울시 도봉구 도봉로117길 5-14 **Tel**: 02-2268-9410 **Fax**: 0502-989-9415
블로그: https://blog.naver.com/jojojo4

※ 이 도서의 국립중앙도서관 출판시 도서목록(CIP)은 서지정보유통지원시스템 홈페이지(http://seoji.nl.go.kr)와 국가자료공동목록시스템에서 이용하실 수 있습니다.

신교육을 위한
주영신의 어록

주영신(朱永新) 지음 | 김승일(金勝一) 옮김

경지출판사
Korea Wisdom China

CONTENTS

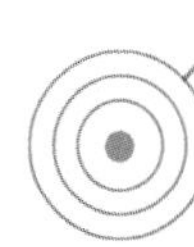

머리말

중국경제의 굴기에 따라 중국교육도 세계의 주목을 받았다. 특히 상해(上海)는 연속 PISA[1] 테스트에서 우수한 성적을 얻어 전 세계가 중국교육을 다시 보게 하였다.

확실히 중국 사람들은 교육을 중시하는 전통이 있다. 하지만 중국에서 중국의 교육에 대한 비판은 세계 어떤 나라들보다 뒤지지 않는다. 사회엘리트들 일부는 자녀들을 외국에 보내 공부하게 하고 있고, 중국교육에 대한 참여와 개선을 포기했으며, 행동으로 중국교육에 대한 실망을 표현하기까지 한다.

2000년부터 나는 줄곧 "행복하고 완벽한 교육생활을 하자"는 것을 목표로 하는 민간 교육개혁을 추진해 왔으며, 책 냄새 나는 교정 만들기, 교사와 학생이 함께하는 수필 쓰기, 완벽한 교실 만들기, 탁월한 수업과정 연구하기 등 10가지 행동을 통해 학교와 가정의 교육 생태를 변화시키는 등 중국의 교육을 위하는 길을 찾고자 노력하였다.

십여 년간 우리의 신교육 실험은 한사람의 생각으로부터 250만 선생님과 학생들이 함께하는 행동으로 바뀌었고, 한 학교의 개혁으 로부터 2,246개 학교가 참여하는

---

1) PISA(program for international student assessment): 학업성취도 국제비교연구로서 각국 교육정책 수립의 기초자료를 제공하기 위해 만 15세 학생을 대상으로 읽기(글 이해력), 수학, 과학 능력을 평가하는 프로그램이다. 평가는 보통 3년마다 진행된다.

개혁으로 발전하였으며, 이를 통해 실질적으로 수많은 교사들의 행동방식과 학생들의 생존상태가 변화되었고 국내외의 관심을 일으켰다.

이러한 행동과 호응을 상징하는 것이 나의 교육에 관한 저서들이 지속적으로 출판되는 것과 전파되는 것이다. 이들 작품 중 어떤 것은 신교육을 실험하기 전에 출판되었으며, 신교육사상을 촉진시키는 이론적인 옥토가 되었다. 어떤 것은 신교육의 현장에서 나왔으므로 이는 신교육자가 가는 길의 행동과 사상의 총화라고 할 수 있다. 2010년 한국정부의 'Brain Korea' 프로젝트에서는 나를 초빙하여 신교육실험에 대한 강연을 부탁하였고, 뒤이어 10권의 한국판《주영신교육문집》을 출판하였다. 2012년 일본 학습원대학 교수는《끓어오르는 중국의 교육개혁》을 출판하였고, 별도의 장절을 통해 신교육실험학교를 소개하였으며, 일본 동방서점은 일문으로 된《나의 교육이상–신교육의 꿈》등의 서적을 출판하였다. 2013년 세계에서 제일 큰 교육출판그룹인 잉그람 마이크로는 16권으로 된《주영신교육작품》을 연속해서 출판하였다.

이들 저서들이 상대적으로 편폭이 비교적 컸기 때문에, 어떤 친구가 나의 교육사상과 신교육의 주요 이념을 소개하는 간단명료한 책이 있어야 한다고 조언해 주었다. 그리하여 2013년 나는 설 휴가시간을 이용하여 이《주영신의 교육에 대한 한마디》라는 제목의 편집과 정리 작업을 완성하였다. 나는 이 책의 중문 머리말에서 "만약 도행지, 우신스키를 읽는 것이 정신적인 큰 잔치를 누리는 것이라 한다면, 나의 이야기를 읽는 것은 이웃 형님과 담소하며 차와 디저트를 먹는 것과 같다" 라고 말했다. 이것이 서명을《이야기》라고 정한 이유이다.

'외국어교학과 연구출판사(外研社)' 에서 이《이야기》라는 책을 영문으로 번역하여 출판한 것에 감사를 드린다. 이것이 작은 창구가 되어 더욱 많은 외국 친구들이 중국의 교육문제에 대해 연구할 수 있기를 바란다. 만약 독자들이 중국의 교육문제를 연구하는데 관심을 가진다면 잉그람 마이크로가 출판한《Works by Zhu Yongxin on Education—My Vision on Education》등의 저작을 봐도 괜찮을 것이다. 이것이 작은 다리가 되어 더욱 많은 외국 친구들이 중국교육자가 탐구하는 바가 무엇인지를 이해해주었으면 하는 바람이다. 교육은 전 인류의 영원한 문제와 숙제이며, 우리가 이 다리를 통해 만나 손을 잡고 교육의 아름다운 미래를 창조했으면 하는 것이 필자의 바람이다.

이메일 주소 : zyxjy@126.com 당신의 연락을 바랍니다.

주영신

2018년 3월 21일 북경

적석재(滴石齋)에서

序言

朱永新教育

随着中国经济的崛起，中国教育也引起了世界的瞩目。特别是上海连续在PISA测验中取得优秀成绩，让全世界对中国教育刮目相看。

的确，中国人有着重视教育的传统。但是，在中国，对教育的批评不亚于世界上任何一个国家。一些社会精英也纷纷把孩子送到国外学习，放弃了对中国教育的参与和改进，以行动传达出对中国教育的失望。

从2000年开始，我一直在推动一个以“过一种幸福完整的教育生活”为目标的民间教育改革，通过营造书香校园，师生共写随笔，缔造完美教室，研发卓越课程等十大行动，努力改变学校和家庭的教育生态，试图为中国教育探路。十多年来，我们的新教育实验从一个人的念想变成了250万师生的共同行动，从一所学校的变革发展为2246所学校的广泛参与，切切实实地改变了许多教师的行走方式和学生的生存状态，引起了国内外的关注。

与行动相呼应的，是我的一系列教育著作一直在持续地出版与传播。这些作品有的诞生于新教育实验之前，是催生新教育思想的理论沃土；有的来自于新教育一线的行动，是新教育人一路行与思的智慧总结。2010年，韩国政府的“Brain Korea”计划邀请我做新教育实验的讲演，随后出版了韩文版的十卷本《朱永新教育文集》。2012年，日本学习院大学的教授出版了《沸腾的中国教育改革》，用专门的章节介绍了新教育实验学校，日本东方书店也出版了日文版的《我的教育理想新教育之梦》等书籍。2013年，世界上最大的教育出版集团麦克劳希尔开始陆续出版我的16卷《朱永新教育作品》。

鉴于这些作品相对篇幅较大，有朋友建议，应该有一本相对简明扼要的书，介绍我的教育思想与新教育的主要理念。于是在2013年，我利用中国人的传统节日春节的休假时间完成了这本《朱永新教育小语》的编辑整理工作。我在这本书的中文版序言中说："如果读陶行知、苏霍姆林斯基是与大师对话，是享受精神盛宴的话，读我的小语，只是与邻居家的大哥交谈，茶余的小点心而已"这是把书名定为"小语"的原因。

感谢外研社把这本《小语》翻译成英文出版。希望它成为一个小小的窗口，让更多的国外朋友从中窥见中国教育的模样。如果读者有兴趣进一步研究中国教育问题，不妨可以看看麦克劳希尔出版的《Works by Zhu Yongxin on Education-My Vision on Education》等著作。更希望它能成为一座小小的桥梁，让更多的国外朋友了解中国教育人的探索。教育是全人类永恒的问题和难题，愿我们通过这座桥梁相遇，携起手，创造教育更美好的未来。

我的邮箱是：zyxjy@126.com，欢迎您的联系。

朱永新

2018年3月21日晨

于北京滴石斋

Preface

Words of Zhu Yongxin on Education

With the rise of China's economy, the education of China is drawing worldwide attention, especially when Shanghai kept topping the PISA (the Program for International Student Assessment) test for consecutive years, the whole world is impressed by what have been achieved by this country's education.

Indeed, the Chinese people have a tradition of valuing education. But the fact is that their criticism of it is no less harsh than any other county in the world. It is not uncommon to see that some elites choose to send their kids to study abroad, completely refusing any involvement in China's education and giving up efforts to improve it, as a manifestation of disappointment.

Since the year of 2000, I've been committed to promoting an educational reform through non- government al channels in China with the goal of " living a happy and complete educational life". Through ten actions including "building reading friendly schools ", "teachers and students writing essays together", "creating perfect classes" and "developing excellent curricula", etc, the reform aims to change the education ecology both at school and home, and explore the path ahead for China's education. For over a decade, new education expriments initiated by us have transformed from an idea of one single person to the joint efforts of 2.5 million students and teachers, from the reform of one single school to the large-scale participation of 2,246 schools, which have steadily changed the existing status of students as well as many teachers' ways of teaching and self-development, catching the eyes of peers both at home and abroad. Parallel to those vigorous development in real deeds, a series of my works on education have been published and spread in the past years. Among the works, some were written before the new education experiment was launched, making a theoretical foundation for the emergence and formation of new education ideas; some were inspired by the concrete practices of those front-line new education pioneers, thus actually a summary of their experience and wisdom all the way along. In 2010, I was invited by the South Korean government to give a speech on new education experiment for its "Brain Korea" program, and then my ten-volume Korean edition of the Collected Works of Zhu Yongxin on Education was published. In 2012, the book named The Boiling China's Educational Reform written by a Jananese professor of Gakushuin University was published, which particularly introduced the new education experiment schools in China; besides that, Japan's Orient Bookstore also published a series of works of mine in Japanese, such as My Ideal on Education-The Dream of New Education. And in 2013, McGraw-Hill Education, the largest educational publishers in the world, began to publish my 16-volume Works by Zhu Yongxin on Education series.

But the works that have been published so far are all large in volume without exception. Then one of my friends suggested that I should write a book that is relatively concise to introduce the principal ideas of new education as well as my thoughts on education. So when the holiday of the traditional Chinese New Year-Spring Festival of 2013 came, I grasped the chance to complete the compiling work of the "smaller" book presenting in front of your eyes, Words of Zhu Yongxin on Education. Just as what I said in the preface of the book's Chinese edition, "If reading the masterpieces of great educators like Tao Xingzhi and Vasyl Olexandrovych Sukhomlynsky is an experience of having dialogues with masters and can be compared to enjoying a sumptuous spiritual feast, then reading my little book is more like having heart-to-heart talks with a next-door big brother, which may be likened to having some desserts at afternoon tea time." That is why the book is entitled with the simple word "Words".

I owe my thanks to Foreign Language Teaching and Research Press, who makes the publication of the English edition of the book possible. Hopefully, this little book could open a window for more friends around the globe to have a glimpse of China's education. For readers who are keen to know more about and who wish to furtrher study the educational issues of China, some of my other works like the Works by Zhu Yongxin on Education My vision on Education published by McGraw-Hill might be helpful. I also hope the book can act as a bridge, connecting educators both from home and abroad, to let more people see the exploration of China's educators. Education is an eternal issue for the whole mankind, and a difficult one. Let's make joint efforts, side by side, hand in hand, to build a better future for education.

My email address is zyxjy@126.com. Should you have any questions or suggestions, please feel free to let me know.

Zhu Yongxin

Dishi House, Beijing Moring

of Mar. 21 2018

PART. 1

교육은 아이들 생명력의 기초가 되어야 한다.

教育必须为孩子的生命奠基

Education Must Lay a Cornerstone for Children´s Life

한 나라의 교육수준은
그 나라 전체국민의
교육에 대한 관심과 이해정도에
달려 있다.

一个国家的教育水平
取决于这个国家的全体公民
对教育的关注与理解程度.

The educational development of a country depends on how much its citizens care about education and how well they understand it.

교육은 사람을 키우는 사업이며
교육은 반드시 아이들의 생명력을 위한
기초를 다질 수 있도록 해야 한다.

教育是培养人的事业,
教育必须为孩子的生命奠基.

Education is a career about nurturing human, thus it must lay a cornerstone for children's life.

교육의 제일 중요한 임무는
아름다운 인성을 만들고
아름다운 인격을 키우며
따라서 아름다운 인생을 창조하고
최종적으로 아름다운 사회를
형성케 하는 것이다.
교육의 좋고 나쁨을 판단하고
교육개혁을 추진하는 것은
모두가 이 원점으로부터 출발해야 한다.

教育最重要的任务,
是塑造美好的人性,
培养美好的人格,
从而创造美好的人生,
最终形成美好的社会.
判断教育好坏，推进教育改革,
都应该从这个原点出发.

The most important task of education is to shape good humanity and cultivate sound characters, which will enable people to lead a wonderful life, thus generating a great society as a whole. It is the very starting point of judging an education and furthering the educational reform.

중국의 교육은
한 마리의 거대한 용을 만들어 내기는 했지만
아직 눈망울을 찍지는 못했다.
그것은 바로 창의와 개성을 말한다.
학생이 특기가 없고 교사가 개성이 없으면
학교는 특색이 없다.
이것이 교육의 매우 큰 슬픔이다.

中国教育塑造了一条巨龙,
但点睛之笔没点上,
那就是创新,个性. 学生没有特长,
教师没有个性,
学校没有特色,
这是教育极大的悲哀.

Education has indeed made China a giant dragon, but it lacks an important factor, that is the cultivation of creativity and personality. It will be a crying shame for an education if it produces students without speciality, teachers without personality and schools without characteristics.

점수와 취업이
교육이 최고로 추구하는 목적이 되었을 때
교육은 이미 마지노선을 잃은 것만큼이나
추락한 것이다.

当分数和就业成为教育至高无上的追求时,
教育就已经堕落得失去了底线。

When score and employment becomes its supreme goal, education has sank into depravity and lost bottom line.

교육은 사회의 축소판이다.
교육에 대해 비판할 때
교육이 성장할 수 있는 환경을
돌아보는 것을 잊어서는 안 된다.
우리의 교육은 마땅히 계몽을 해야 한다.
진정으로 우수한 교육이념이
민간에게 들어갈 수 있게 하는 것이
우리들의 중요한 사명이다.

教育是社会的缩影。
批评教育时，不能忘记反思教育赖以生长的环境。
我们的教育应该进行一次启蒙。
让真正的优秀教育理念走进民间，
是我们的重要使命。

Education is a miniature of society. When criticizing education we should not forget to reflect on the surroundings on which it relies for growth and development. Our education should undergo an enlightenment. And it is a great mission of us to introduce really outstanding educational ideas to our folks.

교육의 득과 실을 결정하는 키는
교사들에게 있고,
교사들 성패의 키는
전문가적인 소양에 달려있다.

教育得失的关键在于教师。
教师成败的关键在于专业素养。

The gains and losses of education relies on teachers; the success or failure of teachers depends on professionalism.

교육이 지금 해야 할 것은
바로 교사와 학생들에게
탁 트인 시야를 주는 것이며,
그들이 사람들의 내적인 복잡성에 대해
더욱 깊은 체험을 하게 하고
생명력의 위대함과 우주의 심오함을
이해할 수 있도록 해야 할 뿐만 아니라
삶의 풍부함과 인생의 풍성함을
느끼도록 해야 한다.

教育现在要做的，
就是给教师和学生一种开阔的视野，
让他们对人的内心的复杂性有更为深切的体验，
不但要了解
生命的伟大和宇宙的博大，
而且要感受
生活的丰富与人性的丰厚。

Now the task of education is to provide broad horizons for teachers and students to help them have a deeper understanding of the complexity of human's inner world, and learn about the greatness of life, the boundlessness of the universe, and the richness of life and human nature.

모든 사람은
누구나 영웅이 될 수 있지만
시험을 위한 교육은
오직 한 개의 표준 답안만을 요구할 뿐이며
오로지 하나의 영웅이 나오기만을
기대하게 한다.

每个人都应该是英雄。
应试教育却只有一个标准答案，
永远只能造就一个英雄。

Everyone is born to be a hero. But with the exam-oriented education having only one standard answer, it can only generate one single kind of hero.

모든 사람은 자신의 잠재력과 특징을
가지고 있으므로
자신에게 적합한 일을 할 수가 있다.
그렇기 때문에 좋은 교육이란
모든 사람이
자신을 발견하고
자신을 찾게 하여
자립할 수 있도록 해야 하는 것이다.

每个人都有自己的潜能，自己的特点，
都能够做出适合自己的事业。
好的教育，应该让每一个人能够
发现自己，找到自己，成为自己。

Everyone has his own potential and character, and is capable of creating a career suitable for himself. Good education should enable people to discover themselves, find themselves and be themselves.

사랑은 교육의 바탕색이며
교육은 지혜와 영성(靈性)[1]이
충만한 사랑이다.

爱是教育的底色。
教育是充满智慧和灵性的爱。

Love is the bottom color of education, and education is a kind of love full of wisdom and inspiration.

---

1) 신령스러운 품성이나 성격.

교육은 하나의 실질적인 큰 개념으로
인류의 생존·생활·발전의 모든 과정을
포함한 개념이다.
교육의 근본적인 목적은
사람이 '문화인'이 되어,
인간다운 사람이 되도록 하게 하는 것이다.

教育实际上是一个大的概念，
是包含了人类生存，生活，发展的全部过程的一个概念。
教育的根本目的是 使人"文化"进而"人化"。

Education, in fact, is a grand concept, which comprises the entire process of the survival, life and development of mankind. The fundamental purpose of education is to make people "civilized" first and then "humanized".

우리의 교육은
행복한 인생을 누릴 수 있도록 도와주고
사회가 끊임없이 숭고함으로 나아가도록
도와주며
인류가 더욱 아름답게 살도록
도와주어야 하는
진정한 사명감을 잊고 있다.
그러한 사명감이란 바로
건강하고 즐거운 마음을 갖게 하는 것으로
이는 다른 무엇보다도 중요하다.

我们的教育已经忘了自己真正的使命
帮助人拥有幸福的人生，
帮助社会不断走向崇高，
帮助人类生活得更加美好。
拥有一个健康、快乐的心灵比什么都重要。

Our education has forgotten its real mission-to help people live a happy life, to push society to evolve into a lofty one, and to make the life of human kind more beautiful. Nothing is more important than having a sound and happy soul.

만약 우리의 교육이
진정으로 착한 씨앗을 뿌렸고
만약 우리의 교육이
진정으로 자기의 이상을 굳게 지키게 했으며,
만약 우리의 교육이
점수가 아닌 인성을 추구하게 하였다면
우리의 교육이
새로운 모습을 갖추었음을
말해주는 것일 뿐만 아니라
우리의 사회와 자연도
새로운 광경을 창조했음을 말해 주는 것이다.

如果我们的教育真正播下了善良的种子，
如果我们的教育真正坚守了自己的理想，
如果我们的教育把人性而不是把分数作为追求，
不仅我们的教育会是另外一番境况，
我们的社会，自然也会是另外一种景象。

If our education had truly sown seeds of kindness, adhered to the ideal, and pursued the cultivation of humanity rather than grades, then there would be a different picture in our education and our society.

세계에서 유전적 힘의 지배를 제일 적게 받고
교육의 영향을 제일 많이 받는 생물은
바로 사람이다.
사람이 끊임없이 자신의 능력을 벗어나려 하고,
또한 기타 생물처럼 자신의 힘을 복제시키는
방법을 알 필요가 없게 하는 것
그것이 바로 교육이다.

世界上受遗传力量支配最小,
受教育力量影响最大的生物,
是人。
让人类不断超越自己,
而不必像其他生物只知复制自己的力量,
是教育。

On the earth the creature that is influenced the least by genes but the most by education is human. It is education that makes human keep transcending themedves, so that they do not have to be like other creatures only knowing about replicating themselres.
on Education

학교나 가정을 막론하고
오직 평등한 마음으로 소통하는 것만이
진정한 교육을 만들 수 있다.

无论在学校还是在家庭中,
只有平等的心灵沟通,
才会产生真正的教育。

Whether in school education or family education, only heart-to-heart communication on an equal basis can give birth to true education.

체육은
체력을 필요로 할 뿐 만 아니라
심력(心力)도 필요하다.
체육은
운동선수의 생리적인 부담을 감당하는 능력을
테스트하기도 하지만,
운동선수의 심리적 부담능력을 더욱 중요시한다.
체육은
학생들의 경쟁의식을 키워주는
효과적인 수단이기도 하고,
또 개인 간의 협력의식을
키울 수 있게 하여
양자 간의 내적인 통일을 얻게 한다.

体育不仅需要体力，同样需要心力。
体育既考验运动者生理负担的承受能力，
更考验运动者的心理负担能力。
体育既是培养学生竞争意识的有效手段，
又能培养个体之间的合作意识，
并求得两者间的内在统一。

Athletic sports are not only a trial of physical strength but also a trial of will power. It not only tests the exerciser's physical endurance but more importantly, it tests his/her psychological endurance. Physical education, as a combination of competition and cooperation, is an effective means to nurture students' competitive and cooperative awareness.

우리의 현 교육은
소수의 '성공인'을 만들고 있는 동시에
더욱 많은 실패자를 만들어 냄으로서
천진난만하고 각자의 장점을 가지고 있는
수많은 학생들을 비관케 하고
개성이 위축된 '정신적 난쟁이'로
만들고 있다.

我们的教育在造就少数"成功者"的同时，
更造成了大批失败者，
把许多纯真烂漫，各有所好的学生，
变成了心灵自卑，个性萎缩的"精神侏儒"。

While our education is making a few "winners", it is creating numerous losers. It turns many innocent and brilliant students who have their own speciality into self- abased "spiritual dwarfs" with no personality.

시적인 것과 미적 감각이 부족하면
아이들은 충분한 지적발달을
가져올 수가 없으며
공리적(公利的) 행위는[1]
아이들의 창조욕망을 심각하게 억제시키고
창조능력을 키우는데 걸림돌이 되게 한다.
따라서 아이들이 청순한 동심을 안고
아름다운 전당으로 걸어 들어가게 해야 한다.
왜냐하면 심미교육의 주요 목적은
어떤 여러 가지 음악적 기예를
가르치는 게 아니라
사람들의 좋은 문화생활습관을
기르는 것이기 때문이다.

---

1) 보상능력을 바탕으로 하는 권력으로, 조직성원들은 보다 많은 보상을 위해서 일하게 되므로, 매우 타산적이 될 염려가 있는 행위.

缺少诗意和美感的涌动，
朱永新孩子就不可能得到充分的智力发展。
功利性行为会严重遏制孩子的创造欲望，
阻碍创造能力的培养。
应该让孩子迈着轻松的脚步，
怀着纯洁的童心步入美的殿堂，
因为美育的主要目的不是培养某种吹拉弹唱的技能，
而是要培养人一种良好的文化生活习惯。

Without the inspiration from poetry and aesthetics, it would be impossible for children to develop fully intellectually. Utilitarianism-oriented behavior will heavily contain children's desire to create and then hinder their development of creativity. So we should ensure that our children walk into the palace of beauty with easy steps and a pure, innocent heart, as the main goal of aesthetic education is not to teach some kind of skills like playing musical instruments, but to make them get into the habit of liuing a happy cultural life.

이상적인 교육이란,
모든 학생들에게 생명력의 닻을 펴게 하고
모든 선생님들이 성장하는 행복을
누리게 하여
모든 부모들이
성공의 희열을 맛볼 수 있는 경지에
이르도록 해야 하는 것이다.

理想的教育，应该达到这样的境界
让每一个学生扬起生命的风帆，
让每一个老师享受成长的幸福，
让每一个父母品尝成功的喜悦。

As far as ideal education is concerned, it should reach such an altitude: giving every student the hope for life, making every teacher enjoy the happiness of growth, and letting every parent taste the sweet fruit of seeing their child becoming a useful man.

이상적인 교육이란,
응당 모든 민족이 태어나서부터 늙을 때까지
전 과정의 교육을 받게 하고
지구촌의 모든 아름다운 경치를 볼 수 있으며
복지혜택을 받을 수 있는 교육이어야 한다.
그리하여 모든 사람들이
평온하고 평화로운 시공간에서
영원토록 살게 하는 것이다.

理想的教育应该是民族的福祉
让每个人接受从生到老的全程教育，
让每个人体验到地球村的绝景佳色，
让每个人生活在宁静与和平的永恒时空。

It would be a blessing for a nation to have ideal education, because it endows every individual with the right to receive life-long education. By that, everyone of us can equally appreciate the most beautiful scenery on the earth, and everyone of us can live in eternal serenity and peace.

교육 과정이란
문화를 선별하여 편찬하는 과정이다.
교육을 통해
자기의 문화를 분별 선택하여
좋은 것만을 취해 다음 세대에 전해주고
생명력이 문화로 인해 새롭게 바뀌게 하여
생명력이 문화로 인해 광대해 지도록 해야 한다.

教育的过程也是文化“选编”的过程。
通过教育，对自己的文化进行辨别，选择，
去芜取精，传授给下一代，
让文化借生命得以创新，更新，
让生命因文化而广博，浩瀚。

The process of education is also a process of cultural “filtering and selecting”. Through education, we discriminate and sort out the good part of our culture, discard the dross and keep the essential, and pass it down to our younger generations. In that way, culture gets innovated and updated by lives, and life gets deepened and extended by culture.

교육을 통해 전 세대를 앞서는 것은
필연적인 사실이다.
현재의 사람들은 전 시대의 사람들을 보면서
언제나 많은 문제점들을 발견해 낼 수 있다.
그렇다고 이전 세계의 사람들이 이것 때문에
우둔하다거나 작아지는 것은 아니다.
우리가 이전 세대 사람들의 문제들을
발견했다고 해서
자기가 위대하고 총명하다고 여겨서도 안 된다.
제일 좋은 경지에 오른다는 것은 경건한 마음으로
이전 세대 사람들의 문제를 발견해 내는 것이다.

教育的超越是必然的。
现在的人看前人，
总能发现许多问题。
前人并不因此变得愚蠢和渺小，
我们更不应该为发现前人的问题而自以为伟大和聪明。
最好的境界是拥有一颗虔诚的心去发现前人的问题。

Education makes it inevitable for minkind to transcend their predecessors. People in the present day can always find a lot of problems in their forebears, but that does not mean that they were intellectually underdeveloped and dwarfed by us. So we should never deem ourselves great and smart but harbor a humble and pious heart to learn from the past and make progress.

교육의 전통과 현대는
언제나 상대적인 개념이다.
과거를 잊는다는 것은
배반을 의미하는 것이고
과거의 교육을 잊는다는 것은
교육의 진정한 의미를 잃게 되는 것이다.
현재를 소홀히 여긴다는 것은
맹목적인 삶을 산다는 것을 의미하고,
현재의 교육을 소홀히 한다는 것은
교육의 진정한 가치를
잃을 수 있다는 것을 의미한다.

教育的传统与现代
始终是一个相对的概念。
忘记过去意味着背叛，
忘记过去的教育会失去教育的真正意义。
忽视当下意味着盲目，
忽视当下的教育会失去教育的真正价值。

Education is both traditional and modern. Forgetting the past means betraying. If education forgets the past, it will lose its real meaning. Ignoring the present means being blind-eyed. If education ignores the present, it will lose its true value.

오아시스란
사막에서 물과 풀이 있는 곳을 말하는데
이는 곧 생명력을 의미하는 것이다.
교육이 바로 인생의 오아시스이다.
고독한 자에게는 따뜻함을 주고
빈곤과 질병이 있는 자에게는 영양분을 주며
피곤하고 무거운 마음을 달래주기 위해
집으로 향하는 길을 안내해 줄 수 있도록
해야 한다.

绿洲，是沙漠里有水草的地方，
是生命之洲。
教育，则是人生中的绿洲——给孤寂的人以温暖，
给贫病的人以滋养，
为疲惫沉重的心指出一条通往家园的路

Oasis is a place with water and grass on it in a desert. It is a place of lives. Education is just the oasis in one's life- it provides the lonely with warmth, the ill with treatment, and points out for tired, heavy souls the road home.

교육은 하나의 깨우침이다.
모든 생명력은 한 알의 신비로운 씨앗이며
사람들이 모르는 에너지를 품고 있다.
교육은 깊게 자고 있는 마음을 깨울 수 있고
윤리와 지혜를 깨울 수 있으며
품고 있는 아름다움과 신비로움을
깨울 수 있다.

教育是一种唤醒。
每一个生命都是一粒神奇的种子，
蕴藏着不为人知的能量。
教育能够唤醒沉睡的心灵，唤醒良知和智慧，
唤醒蕴藏的美好与神奇。

Education is an awakening. Every single life is a magic seed reserving unimaginable energy. And education can wake up those dormant hearts, and conscience, wisdom, goodness and miracles reserved in it.

교육은 바로 성장이다.
교사가 학생들과 함께 성장하는 행복,
학교와 함께 성장하는 즐거움을 느꼈을 때
비로소 사소한 교학생활에서
교육의 가치와 생명력의 의미를
발견할 수 있는 것이다.

教育就是成长。
当教师体会到与学生一起成长的幸福，
与学校一起成长的快乐时，
才会从琐屑的教学生活中发现 教育的价值，生命的意义

Education is a process of growth. Only when teachers feel the happiness of growing together with their students and school can they discover, from their daily routine work, the true value of teaching and the meaning of life.

교육은 주입시키는 것이 아니라
발굴하는 것이다.
학생들의 다양한 잠재력·취미·특기를
발견하여 최대한 지원 해주고
학생들을 대신해서 하는 것이 아니라
할 수 있도록 격려해주는 것이며
모든 걸 도맡아 해주는 것이 아니라
해 낼 수 있도록 보살펴 주는 것이며
이처럼 학생들을 도와
가능성을 현실로 바꾸게 하는 것이다.

教育不是灌输，而是挖掘。
善于发现学生的各种潜能，兴趣，特长，
给予最大程度的支持，
鼓励而不代替，
呵护而不包办，帮助学生把可能性变为现实。

Education is not about instilling knowledge but about digging. Teachers should try their utmost to tap the potential, interests and strong points of students, give them the utmost support, encourage them but not take their place, attend but not control them, and do everything they can to help students turn possiblity into reality.

교육을 너무 신성하게 여기면
교육이 평범함을 소홀히 하게 되고
교육을 진실에서 멀어지게 한다.
반대로 교육을 너무 평범하게 여기면
교육의 신성함을 잊게 하고
교육의 사명감을 버리게 한다.
즉 교육의 신성함은 평범함에 있는 것이다.
따라서 교육자는
매일 신성함과 평범함의 속을
걸어야 하는 것이다.

把教育看得过于神圣，
会忽视它的平凡，远离它的真实。
把教育看得过于平凡，
又会忘记它的神圣，丢弃它的使命。
教育的神圣，寓于平凡之中。
我们每一天都在神圣与平凡中行走。

If we observed education as over sacred, we would ignore the ordinariness in its nature and therefrom get far away from its essence. But if we saw it as too ordinary, we would forget its divinity and thus discard its mission doomed. The sacredness of education is integrated with its ordinariness. And every single day we walk on the path where sacredness and ordinariness are paralleled.

교육은 세계를 변화시킬 수 있다.
우리가 사회와 다른 사람들을
변화시킬 수는 없더라도
그들 자신을 변화시킬 수는 있다.
우리가 진정으로 자신을 변화시키게 되면
반드시 다른 사람들에게 영향을 미칠 수 있고
변화시킬 수 있는 것이니
이는 이미 사회를 변화시키고
세계를 변화시키고 있는 것이다.

教育可以改变世界。
当我们无法改变社会，改变别人时，
我们可以改变自己。
而我们真正改变了自己，
就必然影响，改变着别人，
就已经在改变社会，改变世界。

Education can change the world. When it is impossible for us to change others and society, we can change ourselves. And when we have truly chensed ourselves, we are actually influencing and changing others, which means we have already chenged the society as well as the world.

교육의 이상은
모든 사람들을 위하는 것이다.
도시사람이든 농촌사람이든
부귀한 사람이든 가난한 사람이든
총명한 사람이든 우둔한 사람이든
교육의 이상은
사람들의 모든 것을 위하는 것이다.
품성이든 인격이든
생리적이든 심리적이든
지적이든 감정적이든 말이다.

教育的理想是为了一切的人，
无论是城市的还是乡村的，
富贵的还是贫贱的，
聪慧的还是笨拙的；
教育的理想是为了人的一切，
无论是品德的还是人格的，
生理的还是心理的，
智力的还是情感的。

The ideal of education is for all the people, whether living in urban or rural areas, rich or poor, clever or slow- witted. The ideal of education is for overall development of people, whether it is the cultivation of virtue or personality, physical or mental health, intelligence or emotion.

우리는 자질교육을 거창하게만 얘기하고
시험을 치루기 위한 교육에만 매달려 있다.
자질교육의 부족함을 채우기 위해서는
이론만 내세울 것이 아니라
행동으로 실천해야 할 것이다.

我们的素质教育说起来轰轰烈烈，
我们的应试教育做得是扎扎实实。
素质教育缺的不是理论，缺的是脚踏实地的行动

We talk about quality-oriented education loudly, while in reality we practice exam-oriented education steadfastly. We never lack theories of quality-oicented education. What we really lack are concrete steps.

우리는 늘 교육의 힘을 과소평가하고
꿈의 가치를 과소평가한다.
교육은 꿈을 심어주는 사업이다.
꿈을 지키고 끝까지 행하는 사람은
반드시 생명력의 기적을 얻게 될 것이다.

我们经常低估了教育的力量，
低估了理想的价值。
教育是播种理想的事业。
坚守理想，坚持行动的人，
必将收获生命的奇迹。

We always underestimate the power of education, belittle the value of ideal. Education is a cause of sowing the seeds of ideal. He who adheres to ideal unswervingly and takes actions resolutely will surely reap the miracle of life.

우리는 스스로 교육에 대한
꿈을 가져야만, 이 꿈의 씨앗을
학생들 마음속에 뿌릴 수 있다.
우리의 아이들이 마음에 꿈을 가져야만
우리 민족에게 비로소
희망이 있는 것이다.

我们只有自己拥有教育理想，
才可能把理想的种子播到学生的心中。
只有我们的孩子心怀理想，
我们的民族才会有希望。

Only when we have expectations on education can we possibly sow the seeds of dream in the heart of our students; only when our children have ideals can our nation have a bright prospect.

우리 사회는 전환기에 있으며
거대한 개혁에 직면해 있다.
교육은 선도적인 역할을 하는
기초적인 기능을 가지고 있기에
이러한 개혁의 필요성에 순응하도록
자신을 바꿔야 한다.
우리는 반드시 역사적인 책임감을
지니고 있어야 하며
반드시 뭔가를 담당하는 일을
찾아내야만 한다.

我们的社会处在转型时期，
面临着一场深刻的变革。
教育具有先导性，基础性作用，
也必然要顺应这场变革的需要进行自身改造。
我们应该有历史责任感，
应该有所作为。

Our society is at a stage of transformation and in the face of an intensive reform. Education, as a herald of society which plays a fundamental role, is bound to go with the trend and reform itself. We should assume the historical responsibility bestowed on our shoulder and make a difference.

푸른 산은 그 자리에서
기다리고 있겠지만
세월은 사람을 재촉한다.
만약 교육에 꿈이 없다면
이 세상 어디에도
꿈을 꾸게 하는 것은
찾을 수가 없을 것이다.

青山有待，岁月催人。
如果在教育中都没有理想，
那么这个世界还会有什么理想呢？

A green mountain can last long but time and tide wait for no man. If we have no dreams in education, then what dreams will be left out there in the world?

교육은
사람의 창조력, 상상력과 모든 지혜,
그리고 에너지를 극대화할 수 있으며,
이러한 능력을 끝이 없게 만들 것이다.
그런데도 당신은 교육이
사랑할만한 가치가 없다고 할 것인가?

教育，
能把人的创造力，想象力
和全部智慧，能量
发挥到极限，
而且永无止境。
它还不值得你去爱吗?

Education is capable of constantly digging out man's creativity, imagination, intelligence and energy to the full. Isn't it deserved to be loved?

PART. 2

행복하고 완벽한
교육자로서의 생활을 하자

过一种幸福完整的教育生活

Living a Happy, Complete Education Life

신교육의 반대편에는 어떤 모습이 보일까?
나는 그 반대편에서 자라고 있는
아이들의 모습을 본다.
그들에게는 이상적인 정치를 할 수 있는
능력이 있고
땀 흘려 노력하여 부를 축적하는
끈질김이 있으며
과학을 추구하는 인성과
쾌락 속에서도 도덕성이 깃들어 있음을
나는 뚜렷이 볼 수 있다.

新教育的彼岸是什么模样?
我想，彼岸是一群又一群长大的孩子，
从他们身上能清晰地看到：
政治是有理想的，
财富是有汗水的，
科学是有人性的，
享乐是有道德的。

What will the dreamland of new education look like? I believe on that land there will be a lot of young adults in their prime time. And we can find in them that politics has ideals, wealth is made at the price of sweat, science is humanistic, and hedonism is restrained by the force of moral.

교육은
미래를 바라봐야 하지만
현재를 더욱 직시해야 한다.
교육 자체는 바로 생활이며
교육은
생활의 방식이고
행동의 방식이다.
교육은
아름다운 생활을 추구하는 수단인 동시에
그 자체가 목적이어야 하며
모든 교육과 관계있는 사람들이
행복하고 완벽한 교육생활을 할 수 있도록
해야 한다.

教育应该面向未来，
但更应该面对当下。
教育本身就是生活，
教育就是生活的方式，是行动的方式。
教育在作为促进美好生活的一种手段的同时，
它本身就应该是目的，
应该让所有与教育发生关系的人
过一种幸福完整的教育生活。

Education should face the future but more importantly, it should face the present. Education is life in itself. It is the way you live and act. It also should be a goal when it is applied as a means to create a better life. We should ensure that all the people involved in education, in one way or another, lead a happy and complete education life.

중국의 현 교육은
많은 폐단이 있어 비난해야 마땅하지만,
금강장사처럼 두 눈을 부릅뜨고
질책과 채찍질만을 한다면
비록 통쾌함을 느낄 수는 있을 지언 정
도움은 되지 않는다.
이는 건설적인 비판을 하는 것보다 못하다.
건설적인 비판만이 현 교육을
뒤집을 수가 있다.
신교육의 실험은
바로 이러한 비판적인 건설에
맡기려는 것이다.

中国教育现在是有许多弊端，也应该抨击，
但仅仅是怒目金刚式的斥责和鞭挞，
虽然痛快却无济于事。
不如通过建设来进行批判，
只有建设
才是真正深刻而富有颠覆性的批判。
新教育实验就是寓批判于建设之中，

It is true that the education system in China today has many pitfalls and should be criticized. But only harsh rebuke, which may give us a second of satisfaction by venting our anger, will lead us nowhere. It would be better to criticize it by constructing it, because only construction is a kind of really deep-going and subversive criticism. And new education experiment is exactly a perfect example of criticizing through constructing.

교육하는 생활은
행복해야 하고
고통스러운 것이 아니어야 한다,
또 완벽해야 하며
기형적이고 단편적인 것이 아니어야 한다.
사람을 완벽한 자신이 되게 하는 것
이것이 곧 교육의 최고 경지이다.

教育生活应该是幸福的，
而不是痛苦的；应该是完整的，
而不是畸形片面的。
让人成为他自己，
一个完整的自己，
这是教育的最高境界。

Education life is supposed to be happy, not painful, to be complete, not fragmented and twisted. Helping a man to become himself, a complete self, is the highest level education can reach.

신교육은 고도의 경지를 추구하지만
언제나 높은 경지에 머물러 있지는
못할 것이다.
신교육은 탁월한 교사를 양성하지만,
평범한 교사를 더욱 주목한다.
신교육 팀은 엘리트클럽이 아니며,
포용력이 있고 개방된 팀이다.
신교육 팀은 언제나 마음을 활짝 열고
이상을 쫓으려는 자를
기다리고 포용할 것이다.

新教育追求高度，
但永远不会高高在上；
新教育培养卓越的教师，
更关注普通的教师；
新教育不是一个精英俱乐部，
而是一个宽容开放的团队。
新教育始终敞开胸怀，
永远等待、拥抱理想主义者！

New education aims high but will never ride the high horse; it cultivates extraordinary teachers but gives more attention to ordinary ones; it does not build a club exclusively for elites but a team open to everyone under the spirit of tolerance. New education will always open its arms, waiting to embrace idealists!

교육실험개혁은 매우 긴 프로젝트이며
한 세대가 다른 한 세대에
영향을 미치도록 해야 한다.
성급하게 성공을 바라서는 안 되며
진보 발전을 바라지 않고
현상에 안주해서도 안 되며
반드시 기다림을 배워야 하고
반드시 적막함을 인내할 줄 알아야 한다.
신교육도 예외가 아니다.

教育实验改革是一项非常长久的工程，
需要通过一代人去影响另一代人。
不能急于求成，不能固步自封，
一定要学会等待，
一定要耐得住寂寞。
新教育更不例外。

Educational experiment reform is a huge project that will take a very long time and requires the efforts of generations and generations. To achieve that, we should not be too hasty for quick results, nor should we be complacent and refuse to change. We must learn to wait and endure loneliness during the process.

신교육 정신은
이상을 추구하는 끈기 있는 정신
현장에 깊이 들어가는 현지 정신
함께 생활하는 협력 정신
가엾게 여기는 공익정신이다.

新教育精神就是
追寻理想的执著精神，
深入现场的田野精神，
共同生活的合作精神，
悲天悯人的公益精神。

The spirits of new education are having persistence to pursue dream, down-to-earth spirit to practice on the spot, team spirit to share life with others, and public spiritedness to care for the welfare of the whole mankind.

마음속에 품고 있는 이상이
착실하게 현지에서 뿌리를 내리고
협력하는 정신으로 공익사업을 추진하여
우리 인생, 우리 교육, 우리 민족이
바라는 목표를 성취하는 것이야말로
신교육정신의 진정한 목적이다.

心中有理想,
扎扎实实植根于田野之中,
怀着一种合作的精神,
努力推动公益的事业,
去成就我们的人生，我们的教育，我们的民族。
这就是新教育精神的本质内涵。

The essence of new education is harboring dream in heart while keeping our feet firmly on the ground, and striving for the development of public welfare with the spirit of cooperation to create a better life, better education and better nation.

신교육 실험은
관념 및 사고방식을 쇄신하자는 것이다.
즉 정신적인 인도를 통하여
개성 있는 마음을 다지게 하고
이상과 신앙의 자라남을 통하여
인생의 내용을 쌓아가게 하자는 것이다.

新教育实验
首先是观念，思维和方法的刷新，
就是通过浪漫精神的引导
来塑造个性的心灵，
通过理想信仰的生成
来积淀人性的底蕴。

New education experiment is, first of all, a refreshing of ideas, and ways of thinking and acting. It aims to shape personality through the guide of romantic spirit, and cultivate human nature by the power of ideals and faith.

진실한 신교육은
영원히 현장에 있다.
묵묵히 나아가는 수많은 교사들의
교실에 있는 것이다.

真实的新教育，
永远在田野中，
在千千万万默默无闻的普通老师的教室里。

The true new education always takes place in the "field", in the classrooms where thousands of obscure and ordinary teachers carry out their daily teaching work.

신교육의 5대 교육이념은,
인류의 숭고한 정신과 대화하고,
교사와 학생들의 잠재력을 무한하게 믿으며,
학생들에게 일생에 유용한 것을 가르치고,
정신 상태를 중시하고 성공체험을 선도하며,
개성의 발전을 중요시 하는 것이
특색 있는 학교를 건설하는 것이다.

新教育的五大教育理念:
与人类的崇高精神对话,
无限相信教师与学生的潜力,
教给学生一生有用的东西,
重视精神状态，倡导成功体验,
注重个性发展，建设特色学校。

There are five ideas about new education, namely, having dialogues with human's lofty spirit, fully believing in the potential of students and teachers, teaching students something that will give them lifelong benefit, focusing on students' spiritual state and advocating experience of success, and valuing the development of personality and the construction of characteristic schools.

신교육이 추구하는 목표는 4위일체이다.
학생들이 성장하는 즐거움을 누리는
이상적인 낙원이 되도록 하고,
교사들이 전문적으로 발전하는
이상적인 무대가 되어야 하며,
학교가 교육품질을 향상시키는
이상적인 플렛폼이 되어야 하고,
신교육 공동체의 '정신적인 고향'과
함께 성장하는 '이상적인 마을'이 되어야 한다.

新教育追求的目标四位一体：
成为学生享受成长快乐的理想乐园，
成为教师实现专业发展的理想舞台，
成为学校提升教育品质的理想平台，
成为新教育共同体的"精神家园"
和共同成长的"理想村落"。

The goal of new education is fourfold. It aims to become an ideal paradise for students to enjoy the pleasure of growth, an ideal platform for teachers to realize professional development, an ideal stage for schools to enhance educational quality, and a spiritual home and ideal village for all that are involved in the new education community to grow together.

신교육은 4가지 변화를 실현해야 한다.
교사들의 나아가는 방식이 변화해야 하고,
학생들의 생활태도가 변화되어야 하며,
학교의 발전형식이 변화되어야 하고,
교육의 과학적 연구 모델이 변화되어야 한다.

新教育努力实现四大改变：
改变教师的行走方式，
改变学生的生存状态，
改变学校的发展模式，
改变教育的科研范式。

New education strives to achieve four great changes: to change the teaching method of teachers, the living state of students, the development pattern of schools, and the scientific and researching paradigm of education.

신교육은
교사들이 전문가로 발전하는 기점이 되게 하고.
교사들이 전문가적 시각으로
문제 해결을 하게 하여
커다란 책임을 짊어지고
나아갈 수 있게 하며.
전문가적인 창작을 통해
위에 오를 수 있게 하고,
전문가적인 혜안을 통해
공동체를 발전시키고,
이 공동체가 날개 짓을 할 수 있도록
선도해야 한다.

新教育以教师专业发展为起点，
倡导教师学会通过专业阅读，
站在大师的肩膀上前行；
通过专业写作，
站在自己的肩膀上攀升；
通过专业发展共同体，
站在集体的肩膀上飞翔。

New education, taking the professional development of teachers as the starting point, encourages teachers to make progress on the shoulders of great masters through reading professional literature, to improve themselves on their own through doing professional writing, and to flutter and soar high in the sky with the aid of professional development community.

독서는
교사들이 사고를 잘하고,
성급해 함을 멀리하게 하며,
교사들이 교육에 대한 지혜를 증가시키고,
이를 통해 교육이 아름답게 이루어지도록 한다.

阅读，
会让教师善于思考，远离浮躁，
从而让教师更有教育的智慧，
教育也就因此从容而美丽。

Reading makes teachers think and free from fickleness, and gives them wisdom in education. And because of that, education will become an easy and beautiful process.

신교육은 독서를 주창한다.
책에 대한 듣기, 정리, 평가, 선택을 통해
반복적으로 대화하고,
그러한 대화 속에서
책 속의 가치 있는 내용을 흡수하여
독서하는 자의 내면에 안착시킴으로서
기존의 내부구조를 더욱 풍족하게 하고,
최적화될 수 있도록
새롭게 구조화 시킨다.
이렇게 하는 것이 독서의 참 뜻이다.

新教育主张知性阅读。
阅读者通过对书籍的聆听，梳理，批判，选择，
在反复对话中，将书籍中有价值的内容吸纳、
内化到阅读者的结构之中，
从而使原有结构得到丰富，优化或者重建。
这是一种带有咀嚼性质的研读。

New education advocates intellectual reading. In that way, readers read, analyze, criticize, select contents from books. By having dialogues with the book again and again, readers can absorb the valuable part and internalize it into their own knowledge framework to make the framework richer, optimized or reconstructed. This way of reading is a process of chewing knowledge and studying.

교사들이 책을 읽는 것은
교육사상의 영양분,
교육지혜의 원천을 찾는 것이고,
특히 감정과 의지에 충격을 주어
학생들과 소통을 하게 하는 것이다.
교육가가 저술한 책을 통해서
교사들은 많은 것을 배워야 한다.
뜻을 지니고 있는 교사들은
교육 문헌들을 진지하게 읽어
다른 시대 교육자들의
이상과 인격의 힘을 열심히 배워야 한다.

教师读书不仅是寻求教育思想的营养，
教育智慧的源头，
也是情感与意志的冲击与交流。
从教育家的著作中，
教师可以学习的东西有很多。
有心的教师懂得认真阅读教育的重要文献，
认真学习不同时代教育家的人生理想与人格力量。

When a teacher reads a book, he reads not only to draw on the nutrition of educational ideas and trace the source of educational wisdom, but to seek affective and spiritual impact and interaction. From the masterpieces of educators, teachers can learn a lot. A conscientious teacher knows how to read the important literature works on education and how to learn from the life goals and character strength of the great educators of different times.

어느 교사든
자신의 역사를 창작하고자 하는데
그것이 바로 그가 일궈낸
교육의 역사이다.

一个教师的专业写作史，
就是他的教育史。

The professional writing history of a teacher is exactly his teaching history.

우리의 교육생활은
수많은 조각으로 구성되어 있는데,
그 조각들이 형성하는 과정에 대해
성찰하지 않은 경험들은
낮은 차원에서의 교학생활만을
반복하게 할 것이다.
전문적인 창작을 하려면
경험을 효과적으로 뒤돌아보고,
이들 조각에서
의미 있는 사물을 취하고
깊게 이해하여
진정한 경험을 받아들여
교육생활에 융합시켜야 한다.
그리하여 전문적 소양의 일부가 되게 되면
교육실천과정에서
더욱 큰 통찰력을 갖게 될 것이다.

我们的教育生活由无数碎片组成，
往往形成破碎的未经省察的经验，
使教育教学在比较低的层面上不断重复。
专业写作能有效地对经验进行反思，
从碎片中提取有意义的事物并加以深化理解，
形成真正的经验融入教育生活，
使之成为我们专业素养的一部分，
使我们的教育实践更加富有洞察力

Our educational life is composed of countless fragments, so the teaching experience we have is always fragmented, unsystematic and has not been examined. As a result, the practice of teaching is repeated over and over again on a relatively low level. But professional writing can enable us to reflect on experience, and pick up and digest the really essential things from those fragments effectively. With the aid of it, we can form real experience, and by applying it into our daily teaching life, the practice of teaching will be better directed and targeted.

'글쓰기'는 형식일 뿐이나
'글쓰기'는 독서·사고·실천을 하게 한다.
독서는 내면에 숨어 있는
힘의 자양분이 되고,
사고는 총명한 기운을 가져다 줄 것이며,
실천은 명성을 가져다 줄 것이다.
그러므로 '글쓰기'를 잘 하도록
이끌어주고 격려해 줘야 한다.

"写" 只是形式，
以"写"带动的是阅读，是思考，是实践。
阅读滋养底气，思考带来灵气，
实践造就名气。
人是需要被带动、被激励的。

"Writing" is merely a form. But with the stimulation of "writing", reading, thinking and practicing will come along. Reading gives us nourishment; thinking gives us inspiration; practicing gives us reputation. Man needs to be driven and motivated.

선생님과 학생이'글쓰기'에 동참해야만
더욱 의미 있는 삶을
함께 엮어갈 수가 있다.
'글쓰기'를 통해
마음속에서 흘러나오는 것이
문자의 생명력이며,
풍부한 감정이고,
사상의 불꽃이다.
학생들도 그렇고 교사들도 그렇다.

让师生共写，才能共同编织有意义的生活。
从心底里流淌出的是文字的精灵，
是丰富的情感，是思想的火花。
学生如此，教师也如此。

Only when teachers and students write together can they create and share a colorful and meaningful life. From the bottom of heart flow out the elf of words, rich emotions and the sparkle of thought. It is so for both students and teachers.

창작은 사고방식을 훈련하는
효과적인 과정이고
사람들이 아름다운 삶을 살게 하는
중요한 과정이다.
왜냐하면 창작은 마치 요리하는 것과 같아
원재료가 없으면 아무리 좋은 요리사도
맛있는 요리를
만들어 낼 수가 없는 것처럼 말이다.
따라서 창작하는 것이 중요한데
이를 위해서는
다채로운 문장을 쓰도록 하고
이를 위해 삶 또한 다채로워져야 한다.

写作，
不仅是训练思维的有效途径，
也是帮助人们拥有美好人生的重要路径。
因为，写作犹如烧菜，
没有原料，再好的厨师，
也无法烹饪出精美的大餐。
为了写得精彩，
必须做得精彩，活得精彩。

Writing is not only an effective method of thought training but also an important way to create a beautiful life. Because writing is just like cooking-without ingredients, the best cook ever can in no way cook out exquisite dishes. Therefore, in order to write a good story, you have to experience something extraodinary and live a wonderful life first.

사상, 언어, 문자는
동시에 일어나는 3가지 형식이다.
사고는 이들에 의해 표현되므로
대화와 창작은
사고의 시작이라 할 수 있다.

思想，语言，文字，
其实是同一件事情的三种形式。
思考需要工具，
谈话与写作，是思考的真正开始

Idea, language and words, in effect, are three different forms of one thing-thinking. Thinking can only be conducted and expressed through the tools of talking and writing, which are also the true beginning of it.

생활경험의 풍부함은
창작의 풍부함을 결정한다.
생활이 어느 정도 충실한가에 따라
문자도 그만큼 충실해진다.
이에 비해 창작기법은 조미료와 같아서
그것이 있으면 깊은 맛을 낼 수야 있겠지만
그것이 없어도 원재료만 좋다면,
진정한 맛의 요리를 만들어낼 수 있는 것이다.

生活的丰富性决定了写作的丰富。
生活充实到什么程度，
文字就会充实到什么程度。
写作技巧，相当于烹饪的佐料。
有了它，可能味道更加鲜美，
没有它，也可以做出原汁原味的好菜。

The richness of life determines that of writing. How full your life is, how rich your words will be. As to writing skills, skills to writing is what condiment to cooking, with which the food may be more tasty, yet without which, we can also enjoy the original flavor of the food.

자아교육과 단체의 영향은
교육의 두 가지 중요한 경로이기에
양자는 밀접하게 연관되어 있다.
모든 사람들은 발사 장치를
가지고 있는 것처럼
공동체 안의 모든 사람에게
자신의 에너지를 발사한다.
이 에너지의 양에 따라
최고의 자신이 만들어 지는데
이는 제일 간단하며
정확한 영원의 법칙이다.

自我教育与团队影响，
是教育的两个重要途径。
两者本身也密切联系。
每个人都像一个发射器，
向共同体中的每个人发射自己的能量。
所以，做最好的自己，
永远是最简单而正确的逻辑

Self-education and the influence of the collective are two important means of education which are closely interrelated. In the educational community, each individual is like an emitter, disseminating energy continuously. Therefore, the right and also the simplest way for us to support the community is to become the best man we can be.

'최저 선+모델'은
신교육 실험의 관리 철학이다.
최저 선은 가장 기본적인 요구인데
이는 하지 않으면 말이 안 될 정도로
낮은 것이다.
모델은 최저 선을 극복한 사람이며,
이들에 대한 관리 비법은
이 최저 선에 있는 모델을
칭찬해 주는 것이다.
이들 모델로써 새로운 모델을
격려해 줄 수 있듯이
이야기로써 새로운 이야기를
이끌어내도록 해야 하고
세부사항에 대한 실천을 통해
새로운 세부사항을 실천토록 해야 한다.

朱永新“底线 + 榜样”
是新教育实验的管理铁律。
底线是最基本的要求，
这要求甚至低到不做到就说不过去。
榜样是最大程度超越底线的人，
管理的秘诀在于总是表扬从这个底线中涌现出的榜样。
用榜样激励新的榜样，
以故事引发新的故事，
让细节推动新的细节。

“Bottom line plus role model” is the golden rule to manage new education experiment. The bottom line is the lowest standard one must be up to, and the role models are those who can surpass the bottom line to the utmost extent. The secrets of management are paying tribute to the models emerging out of the crowd, and inspiring new models with models, encouraging new achievements with achievements and promoting new changes with changes.

'최저 선+모델'은 떼어놓을 수 없는
연합체이며,
이들은 서로 의존하고
서로를 분발시킨다.
최저 선은
모든 사람들이 다 유지할 수 있도록
보장해 주어야 하는데,
그렇게 하지 않으면
의미를 잃어버린다.
모델에 대해서는 반드시 관심을 갖고
경청하고 말을 해야 하지
그렇지 않으면 가치를 잃게 한다.
최저 선은 반드시 점검하고
상벌을 내려야 하며,
그렇게 하지 않으면
형식으로 흘러가게 한다.
모델은 반드시 지원해 주고
전시해 주어야지
그렇지 않으면 발전 동력을
잃어버리게 된다.

"底线 + 榜样"
是一个不可拆分的联合体,
彼此依存，相互促进。
底线一定要保证所有人都做到,
否则就失去意义,
榜样一定要关注、倾听与言说,否则就浪费价值。
底线一定要有检查与奖惩，否则会流于形式。
榜样一定要有扶持与展示，否则会失去动力。

"Bottom line plus role model" is one integral whole, in which the two elements are interdependent, each promoting one another. The key point to practice the rule is that we must guarantee that all the people can reach the bottom line, or it will become meaningless, and that people pay great attention to role models, listen to their ideas, and advocate their behaviors, or their value will be wasted. When the bottom line is broken, there must be examination and punishment, or it will become nothing but a form. When role models emerge, they must be supported and publicized, or people will lack the initiative to become a role model.

신교육의 이상적인 수업은 3가지가 있다.
첫째는 효과적인 교육의 틀을 정립하여
수업에 대한 견고한 기초를
쌓게 하는 것이고,
둘째는 지식의 내적인 매력을
발굴해 내는 것이며,
셋째는 지식과 사회생활을 통해
선생님과 학생의 생명력이
공명을 일으키게 하는 것이다.

新教育的理想课堂有三种境界:
一是落实有效教学框架,
为课堂奠定坚实的基础;
二是发掘知识内在的魅力;
三是知识，社会生活与师生生命产生共鸣。

The ideal teaching of new education encompasses three aspects: the first is to form an effective teaching framework to make a solid foundation for school education, the second is to delve into the inherent beauty of knowledge, and the third is to bring knowledge, social life and every being of teachers and students together.

교육에 대한 믿은, 자신감, 신념, 신앙은
신교육문화의 근본적인 정신이며
또 신교육문화의 기본 특징이다.
교사는 이런 '믿음'이 있으면
자기의 생명력의 전설을 쓸 수 있으며
선생님과 학생이 이런 '믿음'을 가지고 있으면
교육에 영혼이 깃들게 된다.

对于教育的信任，信心，信念，信仰，
是新教育文化的根本精神，
也是新教育文化的基本特征。
教师拥有了这样的"信"，
就能书写自己的生命传奇；师生拥有这样的"信"，
就让教育拥有了灵魂。

The fundamental spirit and basic feature of new education culture is to have confidence, trust and faith in education. When teachers have such faith, they will make themselves a legend; when both teachers and students have such faith, education will have soul.

교실은 물길이고,
교육과정은 물의 흐름과 같으므로
양자가 서로 협력하고 보완해야만
비로소 교육의 다채로움을 나타낼 수 있다.
교육과정은 사람을 중심으로 하고
선생님과 학생의 생명력이 성장하는 역정이다.
교육과정은 지식의 나열이 아니고
지식이 생명력을 지니게끔 하는 온도이며,
생명력체험의 과정을 통하여
덕행, 심미, 감정, 지혜, 능력 등이 있는
사람으로 되게 하는 것이다.
훌륭한 교육과정은 최대한도로 행복하고
완벽한 가능성을 갖게 해야 한다.

教室是河道，课程是水流，
两者相得益彰，才会涌现教育精彩。
课程以人为中心，是师生生命成长的历程。
课程不是一堆知识的罗列，
而是让知识拥有生命的温度，
通过一组生命体验的过程，
让我们成为具有德行，审美，情感，智慧和能力的人。
卓越课程，就是最大程度地实现人幸福完整的可能。

Classrooms are the water channel while courses are the water flowing within. Only when they interact with each other perfectly can the spring of education gush out. The courses should be people-centered, which is a common growing experience of students and teachers. They are not simply a showcase of knowledge but to provide a journey for us to experience to endow knowledge with the warmth of humanity, to make us become a man with virtue, aesthetic sense, emotion, wisdom and competency. Extraordinary courses can help people live a happy, complete life to the greatest extent.

신교육은
"행복하고 완벽한 교육생활을 보내게 한다."
"교사의 생명력 있는 전설을 쓰게 한다."
"이상적인 교육과정을 구축한다."
"아름다운 교실을 만든다."
"훌륭한 교육과정을 연구개발해 낸다."
…… 라고 말하고 있다.
여기서 말하는 것들은
모두가 현재에 대한 묘사가 아니며,
신교육인이 추구하는
가치이고 생명력의 방향이며
미래에 대한 기대와 장엄한 약속이다.
영원토록 이들 목표와 경지를 향해
가는 것이
우리 신교육인들의 사명과 책임이다.

新教育说:“过一种幸福完整的教育生活”、
“书写教师的生命传奇”,“构筑理想课堂”、
朱永新 “缔造完美教室”,“研发卓越课程”…
这里的 “幸福完整”,“传奇”,“理想”,“完美”,“卓越”,等词,
都不是对现在的描述,而是新教育人的一种价值追求,
一种生命朝向,一个未来期待和一个庄严承诺。
永远朝向这个目标和境界,是我们新教育人的使命与责任。

New education advocates “living a happy and complete education life”, “writing a legend of teaching life”, “building ideal classes”, “creating perfect classrooms”, “developing excellent courses”...The words like “happy and complete”, “legend”, “ideal”, “perfect”, “excellent” are not a description of the status quo. They are where the new educationists’ ambition lies, the direction they are looking foward to, an expectation of the future and a solemn commitment. It is our mission and duty to strive for that goal.

'씨앗을 믿고 세월을 믿어라'
만약 씨앗이 희망과 소망을 의미한다면,
세월은
이러한 것이 이루어질 수 있음을
굳게 지켜주고 의지할 수 있게 해줄 것이며,
믿음은
신교육인의 생명력과 교사라는 직업에 대한
확실한 인식과 정체성을 굳게 해줄 것이다.

"相信种子，相信岁月。"
如果说种子意味着希望，愿景，
那么岁月就是坚守，就是意志。
相信，表达了新教育人对于世界，
对于生命的一种根本的信任，
对于教师职业的一种最终的体认和认同。

"Believe in seeds, and believe in time." If seeds mean hope and prospect, then time means perseverance and willpower. Choosing to believe demonstrates the fundamental trust new educationists have in the the world and life, and their ultimate recognition of teaching as a profession.

신교육 실험에 대한 인식을
'개념'에서 '믿음'으로 추진하고,
'이상'에서 '사상'으로 바꾸어 이끌며,
사람들의 깊은 감정과 집요한 의지를
불러일으키고,
정신세계의 누적에서 자발적인 행동으로
표현되어야만,
신교육 실험은 비로소
인생의 힘과 교육의 지혜가 발원하는
원천이 될 수 있다.

只有对新教育实验的认识从"概念"向"信念"推进,
由"理想"转向"思想"引领,
激发出人们深沉的情感,执著的意志,
从精神世界的积淀表现为主题的自觉行动时,
新教育实验才可能真正成为人生力量和教育智慧的策源地

Only when we take new education experiment as a faith not just a concept, an idea not just an ideal, and only when we bring out people's deep affection and unswerving willpower, turning their thoughts into conscious deeds, can we possibly make the experiment a true cradle of life strength and education intelligence.

신교육을 위한
주영신의 어록

신교육에는 9가지 법칙이 있다.
태도는 모든 것을 결정하고,
당신이 할 수 있다고 하면
당신은 할 수 있으며,
체벌은 무의미한 것이고,
독서는 인생을 바꾸는 것이며,
교육과정은 학생 수준에 맞게 해야 하고,
성격은 운명을 지배하며,
특색은 바로 탁월함을 말하고,
꿈은 눈부신 창조를 가져오게 하며,
사랑은 기적을 만든다는 것이다.

新教育有九大定律.
态度决定一切,
说你行你就行,
体罚近乎无能,
读书改变人生,
课堂属于学生,
性格主宰命运,
特色就是卓越,
理想创造辉煌,
爱心产生奇迹。

There are nine laws of new education: attitudes determine everything; when everybody says you can do it, you can do it; physical punishment is an act of impotence; reading can change your life; students are the real host of a class; personality decides destiny; to be distinctive is to be excellent; ideals produce success; a loving heart can work miracles.

걱정스런 눈으로 신교육에 관심을 가지면
새로운 꿈이 생길 것이다.
날카로운 눈으로 신교육을 살펴보면
새로운 간언이 생길 것이다.
밝은 눈으로 신교육을 기대하면
새로운 자신감이 생길 것이다.
신교육의 성공은 우리가
어떤 눈으로 바라보고
어떤 마음으로 생각하며
어떤 힘으로 행동하는 가에 달려 있다.

用一双焦虑的眼睛关注新教育，
就会有新的梦想。
用一双敏锐的眼睛审视新教育，
就会有新的谏言。
用一双明亮的眼睛期待新教育，
就会有新的信心。
新教育，取决于我们用怎样的眼去看，
怎样的心去想，怎样的力量去行动。

If you keep an eye on new education with eagerness, new dreams will sprout; if you examine it with sharp eyes, new ideas for improvement will come out; if you have great expectations toward it, new confidence will grow. Where new education will end up depends on how we see it, how we think about it and what deeds we will take about it.

우리는 인류문명의 창시자는 아니지만
인류문명은 교육의 위대한 이상을 통하여
시공을 가로지를 수 있으며,
오늘날 우리들의 행동과 실천을 통해
현실이 되게 할 수 있다.

我们不是人类文明的创始者，
但人类文明可以通过教育的伟大理想穿越时空，
通过我们今天的行动变为现实。

We are not the creator of human civilization. But we can realize the ideals of human civilization of the old days through education and our deeds today.

신교육은
빈틈없는 이론체계를 요구하지는 않으나
행동을 통해 실천할 것을 요구한다.
실천을 통해 사고하고,
실천을 통해 향상하며,
실천을 통해 성장하는 것을
강조한다.
행동을 중요시하고
쓸데없는 공론은 하지 않으며
사실을 가지고서만 말을 한다.
하루하루를 지내는 평범한 나날들
하나하나를 교육하는 나날들이지만
행동으로 실천함으로써
찬란한 내일을 기다리는 것이다.

新教育不求无懈可击的理论体系，
而是强调行动起来，
在实践中思考，在实践中提升，在实践中成长。
重行动，不空谈，用事实说话。
一个个普通的日子，
一个个教育的日子，
因行动而从此灿烂

What new education needs is not an impeccable theoretical system but real deeds. Actions speak louder than words. So we should think, improve and make progress through practice. Little by little, bit by bit, ordinary daily teaching activities will finally blossom like flowers.

신교육에는 10가지 행동이 있다:
학풍 있는 캠퍼스를 만들고,
선생님과 학생이 함께 글을 쓰며,
창밖의 소리에 귀를 기울이고,
우수한 말솜씨를 키우며,
이상적인 수업을 구축하고,
디지털 단지를 건설하며,
매월 한 가지 일을 추진하고,
완벽한 교실을 만들며,
훌륭한 교육과정을 연구개발하고,
가정과 학교가 함께 건설하는 것이다.

新教育有十大行动:
营造书香校园;
师生共写随笔;
聆听窗外声音; 培养卓越口才;
构筑理想课堂; 建设数码社区;
推进每月一事; 缔造完美教室;
研发卓越课程; 家校合作共建。

New education includes ten kinds of practices: building scholarly schools, students and teachers writing essays together, caring about current affairs happening in the outside world, sharpening speaking skills, creating ideal classes, constructing digital communities, promoting "one theme activity per month" to form good habits gradually, building perfect classrooms, developing excellent curriculum, and involving both families and schools into the cause.

행동하면 수확이 있고
이를 견지해야만 기적이 나타난다.

行动，就有收获，
坚持，才有奇迹。

No actions, no gains; no persistence, no miracles.

PART. 3

정신발육사란 바로 독서를 한 역사이다

一个人的精神发育史就是他的阅读史

A Person's Mental Development History Is His Reading History

한 사람의 정신 발육사는
바로 그가 독서를 한 역사를 말한다.
한 민족의 정신적 경지는
이 민족의 독서수준에 의하여 결정된다.
독서가 없는 학교는
진정한 교육이 있을 수 없다.
도서향이 충만한 도시야말로
아름다운 정신적인 고향이 될 수 있다.
함께 읽고, 함께 쓰고, 함께 생활해야만
비로소 공통의 언어,
공통의 암호
공통의 소원이 있게 되는 것이다.

一个人的精神发育史就是他的阅读史。
一个民族的精神境界取决于这个民族的阅读水平。
一个没有阅读的学校永远都不可能有真正的教育。
一个书香充盈的城市才能成为美丽的精神家园。
共读，共写，共同生活才能拥有共同的语言，
共同的密码和共同的愿景。

A person's mental development history is his reading history. A nation's spiritual state lies on its people's reading level. A school which does not advocate reading will never have real education. And a city filled up with the fragrance of books can become a beautiful spiritual homeland for its citizens. Only when people not only live but also read and write together can they share common languages, values and visions.

한 민족, 한 국가의 경쟁력은
그의 물질적인 힘에 의하여
결정되는 게 아니라
그의 정신적인 힘에 의하여 결정 된다.
이러한 국가와 민족의 정신적 힘은
인구수에 의하여 결정되는 게 아니라
독서력에 의하여 결정되는 것이다.

一个民族，一个国家的竞争力，
不是取决于它的物质力量，
而是取决于它的精神力量；
而一个国家，一个民族的精神力量，
不是取决于它的人口数量，
而是取决于它的阅读能力。

The competitiveness of a nation or a country does not depend on its material wealth but its spiritual power. And the spiritual power of a nation or a country does not rest with the size of its population but its citizens' ability to read.

개인의 정신발육과정은
전 인류 정신발육과정의 축소판이다.
모든 개인은 정신성장의 과정에서
선조들이 겪었던 과정을 반복한다.
이러한 반복은 독서를 통하여
제일 간단하고 효과적으로
실현할 수 있다.

个体的精神发育历程是整个人类精神发育历程的缩影。
每一个个体在精神成长的过程中，
都要重复祖先经历的过程。
这一重复，通过阅读可以最为简单有效地实现。

An individual's mental development process is the miniature of that of the entire human race. When one is about to undergo mental development, he actually will replicate the same process his predecessors once experienced. And reading is the easiest and most effective way for him to realize that replication.

독서가 없으면
개인마다 마음의 성장이
있을 수 없으며
개인 정신의 완전한 발육이
있을 수 없다.

没有阅读就不可能有个体心灵的成长，
就不可能有个体精神的完整发育。

Without reading, it is impossible for an individual to achieve complete psychological and mental development.

사람에게는 두 개의 세계가 있다:
물질적인 세계와 정신적인 세계가 그것이다.
사람의 세계가 얼마나 큰가는
이 두 개의 세계가
얼마나 큰가에 의하여 결정된다.
물질적인 세계는 한계가 있지만
정신적인 세계는 무한할 수 있다.
독서는 우리를
더욱 신속하고
더욱 침착하게
유한에서 무한으로 나아가게 한다.

其实，人有两个世界：
物质的世界和精神的世界。
一个人的世界有多大，
取决于这两个世界有多大。
物质世界肯定有限，
精神世界可以无垠。
阅读就是让我们更迅速也更从容地从有限走向无垠

A man, in fact, has two worlds: material world and spiritual world. These two worlds will decide how big a world he will have. The material world surely is limited, but the spiritual world can be limitless. And reading is a bridge, leading us, quickly but calmly, from limitedness to limitlessness.

독서는 음식을 먹는 것과 같다.
'시간이 없어 독서할 시간이 없다'
는 것은 다만 핑계이다.
독서가 우리의 생활방식이 되어
살아간다면
독서는 없어서는 안 되는 일로
여기게 될 것이고
그렇게 되면 언제나 독서하는 시간을
가질 수가 있다.

读书如饮食，
"没有时间"只是借口。
当读书成为我们的生活方式时，
当我们把阅读作为生命中不可或缺的事情时，
总可以找到读书的时间。

Reading is jut like eating and drinking. Claiming that "I don't have time to read" is nothing but an excuse. If we take reading as a way of life and an integral part of our life, we can always spare time to read.

인류역사에는
많은 정신적인 금자탑이 있는데
그런 정신적인 봉우리에
도달하거나 넘어서려면
독서와 사고만이 유일한 경로이다.

人类历史上有很多精神丰碑，
要达到或者超越那些精神高峰，
阅读和思考是唯一的途径。

In the history of humankind, there stand many monuments to honor human spirits. Reading and thinking is the only way to reach or surpass those spiritual highs.

만권의 책을 읽고 만리 길을 걷는 것은
지식인들이 추구하는 경지이며
책은 두껍고 얇음이 없다.
여러 곳을 돌아다니고 관찰하는 것은
물론 중요하지만,
만약 독서를 하지 않고
예전의 지식에 대한 축적이 없다면,
돌아다니는 것과 관찰, 체험 등의 모든 것은
품질 면에서 모두 크게 엉망이 될 것이다.

读万卷书，行万里路，
是中国知识分子追求的境界，
本没有厚此薄彼的意思。
但游历，考察固然重要，
如果没有阅读，没有先前的知识作为积淀，
那游历，考察，体验等后面的一切在品质上就都会大打折扣。

“Reading thousands of books and walking thousands of miles” is a state pursued by Chinese intellectuals, and to both I give equal weights. Traveling and doing field study are unquestionably important, but without reading and knowledge storing beforehand, all the experience you had would turn out to be aimless and debased.

독서는
우리를 반드시 부유하게 만들지는 않지만
우리를 지혜롭게는 변화시킨다.
독서는
우리의 모습을 변화시키지는 못하지만
우리의 품위와 마음가짐을
변화시킬 수는 있다.
독서는
생명력을 연장시킬 수는 없지만
생명력의 넓이는 변화시킬 수가 있다.
독서는
우리 생명력의 두께를 넓힐 수가 있고
생명력의 높이를 향상시킬 수 있다.
독서는
우리 인생의 꿈을 실현시킬 수는 없지만
우리가 꿈꾸는 인생목표에는
가까이 가게 할 수 있다.

阅读，不一定使我们变得更加富有，
但一定可以使我们变得更加智慧；
不一定能改变我们的长相，
但一定可以改变我们的品位和气质；
不一定能延长生命的长度，
但一定可以改变生命的宽度，
增加我们生命的厚度，
提升生命的高度；
不一定能实现我们的人生梦想，
但一定可以使我们更接近人生的梦想

Reading may not necessarily make us richer but surely wiser, not necessarily change our appearance but can surely enhance our taste and temperament, not necessarily prolong the length of our life but can surely extend its width, depth and scope, and may not necessarily ensure that we realize our dream in the end but can surely lead us nearer to it.

독서인이 지녀야 할 독서의 품성은
네 단어로 요약할 수 있다.
즉 정숙, 사고, 발견, 지속이다.
'정숙'은
외부의 소란스러움을 막고,
과도한 물질적 욕구를
포기케 하는 것이며,
고전적인 평정심으로
독서하는 것을 말한다.
'사고'는
"천년동안 생각하고 만 리를 바라본다."
는 말처럼
언제나 사고의 불꽃이
일어나야 한다는 것을 말한다.
'발견'은
책의 종류와 내용을 가리키는데,
효과적으로
시간을 이용해야 한다는 것을 강조한다.
'지속'은
인내하지 않으면
어떤 계획이나 방법도
모두 허황되다는 것을 말한다.

读书者应有的读书品质，
概括而言四个字：静，思，觅，恒。
"静"是前提，是抵御外在喧嚣，抛却过度物欲，
以古典平静之心阅读。
"思""是"思接千载，视通万里，进而时时闪现思维
的火花。"觅"指书的种类，内容，更强调极为有效地利用时间。
无"恒"则任何计划，方法都是镜花水月。

The qualities a good reader should have can be boiled down to four facets: a quiet heart, a thoughtful mind, screening eyes and the perseverant spirit. To read with a calm and quiet heart is the precondition, which makes you become immune to the outside hustle and bustle and get rid of excessive desire for extravagance. To keep a thoughtful mind means to be open to the ancient and future, the near and the far and get inspired from that. To read with screening eyes means you should carefully select the types and contents of books and raise your reading efficiency. And as to the perseverant spirit, without it, any blueprints or methods of reading will be nothing else but a castle in the sky.

남이 말한 대로 이를 따라 말하고
그것을 그대로 받아드리는 독서는,
지식을 저장하는
'두 발 달린 책장' 밖에는 안 된다.
학문은 질문하는 게 귀한 것이고,
독서는 의심하는 게 귀한 것이다.
독서는 의심의 눈으로
비판하는 태도를 가지고
책에 쓰여 있는 것을
현재의 시간과 공간배경에 놓고
새롭게 바라보는 것이다.

人云亦云，照单全收的阅读，
只能培养储存知识的“两脚书橱”。
学问贵问，读书贵疑。
读书需要带着怀疑的眼睛，
批评的态度——要把书本上所写的，
放到现在的时间和空间背景下重新审视。

Believing everything books say can only make you a "walking bookcase". Learning lies in asking and reading lies in questioning. So when you read, you should put what the book says under the current situation and review it with suspecting and critical eyes.

지식이 역량을 만들지 못한 것은
독서가 쓸모없어서가 아니라
쓸모없는 책을 읽었기 때문이다.

知识之所以没有产生力量，
不是因为“读书无用”，
而是因为“读无用书”。

The reason why knowledge is not transformed into strength is not because of "reading is useless" but because "reading useless books".

환경의 어려움과 가난은
사상의 빈궁함을 덮는 핑곗거리가 아니다.
독서라는 '사치품'을 갖지 못한다면
우리의 꿈은
오염된 환경에 의해 묻혀버리거나
미세한 틈에 의해 매장될 것이다.
그리하면 우리는 꿈을 잃어버리게 되어
점차 삶의 노예로 전락하게 될 것이다.

环境的艰苦和贫瘠，
不是一个人思想贫瘠的借口。
一旦不能拥有读书这个"奢侈品"，
我们的全部世界就是我们的日常生活，
我们的梦想就会被污浊的环境所湮没，
被细小的夹缝所埋葬。
当我们失去一个又一个梦想后，就会逐渐沦为生活的奴隶。

A tough environment and material poverty should not be blamed for a barren spirit. Once we lose the luxury of reading, the daily trifles would be all we have, which could erode and even kill our dreams. With the dreams dying one after another, we would gradually fall slaves to life.

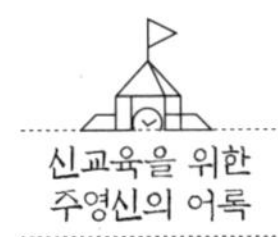

독서가 없는 교육
독서가 없는 학습은
다만 훈련이지
교육이 아니다.

没有阅读的教育，
没有阅读的学习，
只是训练，
不是教育。

An education without reading does not deserve to be called “education”. It is just training.

'과외서(課外書)'라는 개념을 통해서도
학교는 왕왕 제일 완고하게
'독서'하는 장소를 거절한다는 것을
볼 수 있다.
응당 중심이 되어야 하는 기초교육이
아동에 대해 해로움을 주는 것은,
그들의 천진함을 빼앗고
그들의 두뇌를 텅 비게 하며
그들의 교류를 막고
그들의 손발을 묶었다.

仅从“课外书”这个概念，
就可见学校往往是最顽固地拒绝“读书”的场所。
应试为中心的基础教育对儿童的戕害：
夺其天真，空其头脑，隔其交往，束其手脚。

From the concept of "extracurricular books" we can see that schools actually are always the place where reading is met with the most stubborn resistance. The exam-centered elementary education jeopardizes our children on many aspects: it deprives them of innocence, turns them into empty heads, cuts them off from social intercourse, and strangles their creative thinking.

유아에게 있어서
독서는 하나의 전 방위적이고
간편하고 쉽게 할 수 있는
지적인 체조이다.

对幼儿来说，
阅读是一种全方位、多维度、
简便易行的智力体操。

For children, reading is an all-round, multi-dimensional and easy-to-do brain training.

학교교육은 모유와 같아서
인류의 제일 근본적인 지식을
과학적인 방식으로
아이들이 받아드리기 적합한
형식과 내용으로 통합하여
짧은 시간 안에 학생들이
알 수 있게 하는 것이다.
하지만 교과서와 부교재로는
아이들이 성장하는데 필요한
정신적인 양식을 대체할 수 없으며
마치 모유가
평생토록 아이들과 함께 할 수 없듯이
아이들의 정신적인 성장은
심신발전의 필요에 적합한 우수한 작품을
읽는데 의존해야 한다.

学校教育相当于母乳。
把人类最根本的知识，
用比较科学的方式整合为适宜孩子接受的形式和内容，
在较短时间内让学生掌握。
但教科书，教辅书不可能替代儿童成长的精神食粮，
就像母乳不可能伴随孩子终身一样。
孩子精神的成长依赖于阅读适合身心发展所需的优秀作品。

Schooling is equivalent to breast feeding, which integrates all the fundamental knowledge accumulated by humankind in a scientific way into the content and form that is more suitable for children to accept and easier for them to absorb in a shorter time. Be that as it may, textbooks and supplementary books used in schools can in no way be the only source of food for the development of children's mind, just as breast feeding cannot accompany one all his life. The intellectual development of children also relies on the nourishment from other kinds of excellent works.

모든 아이들은 모두 날개를 잃고
땅에 내려온 천사들이다.
독서는 마음의 날개가 되어
아이들을 새롭게
우리 주변의 천사가 되게 한다.

每个孩子都是失去翅膀，
落入凡间的天使。
阅读，将让书籍成为心灵的双翼，
让孩子重新变成我们身边真正的天使。

Every child is a fallen angel without wings. Yet reading can turn books into the wings of the heart, making our children genuine angels once again.

고전 도서는 각 연령층의 아이들에게
반드시 적합하다고는 할 수 없다.
모든 좋은 책은 상대적으로
제일 적합한 독서시기와 독서대상이 있다.
서로 다른 연령과 취미가 다른 아이들에게
독서시기와 독서대상을 선택해 주는 것은
매우 중요하다.

经典图书不一定适合各个年龄的孩子——
每一本好书都有它相对特定的，
最适合的阅读时机和阅读对象。
对于不同年龄，不同喜好的儿童，
选择阅读时机和阅读对象非常重要。

Classic books are not necessarily suitable for children of all age groups to read, since every book has its particular target readers of certain ages. Therefore it is essential to choose the right books and reading timings for children of different ages with different interests.

아이들을 책의 바다 속에 빠뜨리면
수영할 줄 모르는 아이들은
침몰될 수 있다.
이렇게 하면 아이들이 독서하는 취미를
불러일으키는 동시에
그들이 독서의 세계에
들어가는 것을 위해
어떻게 준비하고
어떻게 그들을 도와
독서의 기법을 알게 하며
그들을 위해 책을 선택하는 것은
모두 중요한 일이다.

把孩子简单丢进书的海洋里，
不会游泳的孩子很可能被淹没。
在激发孩子阅读兴趣的同时，
如何为他们进入阅读的世界作好准备，
如何帮助他们掌握阅读的技巧，
和为他们选择图书一样重要。

If we simply throw our children into the sea of books without guidance, those who are not capable of swimming are much likely to get drowned. When we try to arose their interest in reading, we should understand that how to prepare them into the world of books and how to help them master reading skills are equally important as screening books for them.

어린 시절은 제일 아름다운 세월이며
아동도서는 제일 아름다운 씨앗이다.
독서는 아이들의 정신세계를 위하여
아름다운 바탕색을 그려주며
아이들의 마음속에
아름다운 씨앗을 심어준다.
세월이 지나 이런 아름다운 씨앗은
아름다운 꽃을 피울 것이다.
제일 아름다운 것을
제일 행복한 어린 시절에 줘야 한다.

童年是最美好的岁月，
童书是最美丽的种子。
阅读为孩子们的精神世界打上美丽的底色，
在孩子们心中播下美的种子。
历经岁月，这些美的种子，
终将开出美妙的花儿。
应该把最美丽的东西给最美好的童年。

Childhood is the best time one can have, and children's books are the most beautiful seeds. Reading can tint gorgeous colors on children's spiritual world and sow the seeds of good in their hearts, and the seeds, after gathering strength underneath over years, will blossom one day. The most beautiful things should be given to the best time of one's life-childhood.

아이들의 마음은 풍성하여
아름다운 씨앗을 심으면
하늘을 찌르는 큰 나무로 자랄 수 있다.
성년이 된 이후에는
같은 마음의 밭이라도
딱딱해질 수 있으며
뿌린 씨앗은 뿌리를 내리고
싹을 틔우기 힘들다.
그리하여 아동 조기의 독서는
매우 중요하며
아름다운 아동도서와
아름다운 이야기는
바로 아름다운 씨앗이
되는 것이다.

儿童的心田是丰茂的，
播下美好的种子，
就可以长成参天的大树。
成年以后，
同样的心田可能会板结，
播下的种子会难以生根发芽。
所以，儿童早期的阅读非常重要，
那些美丽的童书和美好的故事，
就是那美好的种子。

The heart of a child is like a piece of fertile land. If you plant seeds on it, one day they will grow into towering trees. But if you sow the seeds during his adulthood, it might be too late, because the heart may have become one less sensitive, and the seeds can hardly root and sprout. Therefore, early reading is of great importance for children, and those beautifully-designed books and fairy tales they tell are exactly the seeds of good.

아동도서의 가치가
많이 인식되지 못하고 있는 것은
우리가 오랫동안
아이들의 신체발육에만 관심을 기울이고
아이들의 정신적인 성장을
소홀히 여겼기 때문이었다.
그리하여 현재까지
아이들의 물질적인 풍성함과
정신적인 빈곤은
매우 크고 선명한 대조를 형성하였다.

童书的价值远远没有被认识，
是因为我们长期只关注儿童的躯体发育，
而忽视了儿童的精神成长。
乃至于现在，
孩子们物质的充盈与精神的贫瘠
形成了极大的反差与鲜明的对照。

Now the value of children's books is far from being fully realized, because for a long time we only focus on the physical growth of children, ignorant of their spiritual development. As a result, there has emerged a sharp contrast between the abundance of material our children are given and their spiritual poverty.

학교교육은 중요한 임무 중의 하나이며
이는 바로 학생들의 독서습관과 능력을
키우는 것이다.
한 학교가 일단 이 문제를 해결하면
주된 교육임무는 기본상 완성한 것이다.

学校教育最重要的任务之一
就是培养学生的阅读习惯和能力。
一所学校一旦解决这个问题，
主要的教育任务就基本完成了。

One of the most crucial tasks for a school is to cultivate students' reading habit and capacity. Once that task is fulfilled, it is justified to say that the school has completed its main task in education.

교과서를 읽기 좋아하고
또 과외도서를 읽기 좋아하는 아이는
필연적으로 발전 잠재력이 매우 크며,
교과서를 읽기 싫어하고
또 과외도서를 읽기 싫어하는 아이는
필연적으로 무지몽매하게 될 것이며,
교과서를 읽기만 좋아하고
과외도서를 읽기 싫어하는 아이는
일정한 단계까지 발전하면
필연적으로 자신의 부족함과 허점을
드러내게 되며,
교과서를 읽기 싫어하고 과외도서만
읽기 좋아하는 아이는
비록 시험성적이
이상적이지 않을 수는 있으나
진학, 취업이 막히게 되면
얼마든지 취미에 맞는 공부를 통해
출로를 찾을 수가 있다.

既爱读教科书又爱读课外书的孩子，
必然发展潜力巨大；
既不爱读教科书又不爱读课外书的孩子，
必然愚昧无知；
只爱读教科书不爱读课外书的孩子，
发展到一定阶段必然暴露自身缺陷和漏洞；
不爱读教科书只爱读课外书的孩子，
虽然考试成绩不会理想，
但升学，就业受阻后，
完全可能凭浓厚自学兴趣另谋出路。

Children who are fond of reading both textbooks and extracurricular books surely will have huge potential, while those who show no interests in neither of them will become ignorant. Those who always bury their nose in textbooks will inevitably find themselves get stuck at a certain stage, while those who only love to read extracurricular books, maybe incapable of getting good results in exams and even having difficulties in enrolling prestigious schools and finding satisfactory jobs, completely have the capability to start up their own business later in their life by following their hearts and interests.

아이들을 인도하지 않는 독서는
저 효율적이며
심지어 위험하기까지 한다.
학생들의 지적인 배경을
효과적으로 확장시키려면
교사와 부모가 함께 읽는 방식으로
제일 좋은 서적을 아이에게 주어
학생들의 자발적인
독서를 이끌어야 한다.

儿童随意的散漫的没有引领的阅读
是低效的，甚至是危险的。
要有效扩充学生的智力背景，
需要教师和父母用共读的方式
把最好的书籍带给孩子，
从而潜移默化地引领学生的自主阅读。

To a child, reading randomly without any guidance can be inefficient and even dangerous. Thus, both teachers and parents should read books with children together and introduce them to the best books to promote their intellectual development and teach them to read independently step by step.

만약 십여 년간의 기초교육과정에서
한 아이가 아직도 독서에 대한
취미와 습관을 기르지 못했다면
그 교육은 무조건 실패한 것이다.

如果在十多年的基础教育历程中,
一个孩子还没有养成阅读的兴趣和习惯,
这样的教育一定是失败的。

If a child failed to form the interest in and habit of reading after receiving the elementary education of a dozen years, then such an education must be an unsuccessful one.

사람이 학교에 들어간 것은
무조건 교육을 받겠다는 게 아니며
오직 그가 진정으로 독서했을 때만이
비로소 그가 진정으로 교육을
받았음을 의미한다.

一个人进学校不一定就在接受教育，
只有他真正读书了，
那才意味着他真正接受教育了。

When one studies at a school, it does not necessarily mean that he is receiving education. Only when he has developed the habit of reading can we say that he is receiving education.

독서는 학습의 반석이며
교육의 뿌리이다.

阅读是学习的基石，
是教育的根。

Reading is the cornerstone of learning and the root of education.

대학은 독서의 천국이다.
엄격하게 얘기하면
대학은 제일 큰 독서공간과 시간을
제공하는 장소이다.
독서는 대학생들의 전문적인 자질을
형성시킬 뿐만 아니라
동시에 대학생들로 하여금
인문정신을 형성케 하고
창조능력을 배양시키는 데도
매우 중요한 의의를 갖게 한다.

大学是阅读的天堂。
严格说来，
大学是一个提供了最大的读书空间与时间的场所。
阅读不仅对于大学生专业素养的形成，
同时对于大学生人文精神的形成以及创造能力的培养，
都具有非常重要的意义。

Universities are the paradise of reading, because, strictly speaking, they can provide college students with the most capacious space and abundant time to read. Reading is not only of great significance in enhancing students' ability in academic study but also in shaping humanistic spirits and fostering creativity.

도서관은 선생님과 학생들의
정신적인 식당이다.

图书馆就是师生精神的食堂。

Libraries are the spiritual homeland for students and teachers.

대학에서 도서관은
제일 다채로운 수업장이여야 한다.
한편의 문화명작을 읽는다는 것은
바로 문화의 영향을 받았다는 것이며
그 가치는 체계적인 문화교육 수업을
들은 것에 뒤지지 않는다.
학교의 명강사는 언제나 한계가 있지만
풍부한 도서는 학생들을 위하여
수많은 명강사를 제공할 수 있다.
그리하여 대학교는
제일 우수한 전문가를 초빙하여
도서관의 관장을 맡겨야 하고
제일 주된 경비를
도서구매에 사용해야 하며
교사와 학생이 독서하는데
제일 편리한 조건을
제공해 주어야 한다.

大学里，图书馆应该是最精彩的课堂。
认真读一部文化名著，
就是接受了一次文化的熏陶，
就是接受了一次文化的熏陶，
其意义不亚于听一门系统的文化教育课程。
一个学校的名师总是有限的，
但是丰富的图书资源可以为学生提供无数名师。
所以，大学应该聘请最优秀的专家做图书馆的馆长，
应该把最主要的经费用在图书采购上，
应该为教师与学生的阅读提供最便捷的条件。

In a university, the library is probably the place where the most fabulous teaching may take place, since the importance of reading a classic work with all your heart weighs no less than taking a series of systematic cultural courses. The number of prestigious teachers in a school is limited, but the book resource of a library can be infinite. Therefore, a good university should hire the best curator and spend most of its budget on book purchasing to create the best reading condition and environment for students and teachers.

책꽂이에 누워있는 도서들은
사실은 잠자는 미인이며,
우리가 독서를 통해 입을 맞춰서
깨워주기를 기다리고 있는 것이다.
만약 우리가 독서를 하지 않으면
그는 단지 한 무더기의 페지일 뿐이며
죽은 시체와도 같은 것이다.
오직 우리가 그를 만지고 읽고 깨워야
그는 비로소 깨어나고 부활함으로써
우리 생명력의 일부가 되는 것이다.

那些躺在书架上的图书，其实就是一个睡美人，
等待着我们用阅读吻醒。
如果没有我们的阅读，
它只是一堆废纸，就像一具僵尸。
只有我们接触它，阅读它，吻醒它，
它才会苏醒，复活，真正地成为我们生命的一部分。

Each book lying on the bookshelf is just like a sleeping beauty, waiting to be awakened by the kiss of readers. If we do not read it, it is merely a stack of useless paper, a lifeless body. Only by our touching and reading can the book come to life with vigor.

서적이 부족했던 시대에는
책을 펼치는 것이 유익했으나
정보가 넘쳐나는 시대에는
책을 선택하는 것이 중요하다.
독서할 책의 선택은
인생을 선택하는 중요한 부분이다.

在书籍匮乏的年代，开卷有益，
在信息爆炸的时代，“择卷”更重要。
阅读选择是人生选择的重要部分。

In the age when books are a rarity, the more you read, the better, but in the era of information explosion, the more carefully you select from the books, the better. Making choice on reading contents is an important one among the numerous choices we have to make through our life.

지식의 가치를 잘 아는 사람일수록
읽을 책을 선택하는 것에 더욱 신중하다.
정보시대에는 고 품질의 독서를 외친다.
수많은 책 중에서
우리에게 적합한 것은
언제나 빙산의 일각일 뿐이다.

越是清楚知识分量的人，
在阅读上的选择越谨慎。
信息时代呼唤高质量的阅读。
茫茫书海，适合我们的永远只能是冰山一角。

One who can better understand the power of knowledge is more discreet in selecting books. The age of information explosion calls for high-quality reading, and in the sea of books, all that are genuinely suitable for us to read are just a tip of the iceberg.

독서의 최고 경지는
살아있는 독서이고
살아있는 책을 읽는 것이며
책을 읽으며 사는 것이다.
따라서 글자가 있는 책과 없는 책
어느 한쪽도 소홀히 해서는 안 된다.

读书的最高境界，
是活读书，读活书，读书活，
因此，有字书和无字书，
两种阅读不可偏废。

The highest level of reading is to read creatively and put what you learn from books into practice. So we should read both real books and life, the book without words.

독서하지 않는 사회는
인문정신을 잃어버린 사회이며
인문정신이 결핍된 사회는
병적인 사회이다.
독서하지 않는 민족은
창조력이 결핍되어 있는 민족이며
창조력이 결핍되어 있는 민족은
희망이 없는 민족이다.

一个不读书的社会是人文精神缺失的社会,
一个人文精神缺失的社会是病态的社会。
一个不读书的民族是创造力贫乏的民族,
一个创造力贫乏的民族是没有希望的民族。

A society that is deficient in reading is one that lacks humanistic spirit, and a society without humanistic spirit is morbid. A nation that does not read lacks creativity, and such a nation is destined to have no hope.

고전은 문화의 암호이다.
사회가 공통의 가치관이 있으려면
오직 함께 고전 읽기를 통해
공통의 언어를 구축해야 하며
공통의 언어로써 공통의 문화 암호를
형성시켜야 한다.

经典是文化的密码。
一个社会要有共同的价值观，
只能通过共读经典来建构共同的语言，
用共同的语言来形成共同的文化密码。

Classic works make up the codes of a culture. If a society were to establish common values, it should encourage its people to build common languages by reading classic works, hence forming common cultural codes.

어떤 도시든
서점은 금상첨화의 정신적인 화원이 아니라
없어서는 안 될 정신적인 거실이다.

对一座城市而言，
书店并不是锦上添花的精神花园，
而是不可或缺的精神客厅。

To a city, bookstores are not unnecessary but indispensable. They do not serve as a showcase but a spiritual homeland where everyone belongs.

자녀와 함께하는 독서는,
과학적으로 봤을 때,
제일 따뜻하고
제일 포근하며
제일 흔적이 남지 않는 방법이나,
아이들이 인생에서
제일 중요한 학습무기인
'독서'를 알게 된다.

亲子共读，
从科学上说，
就是用最温暖，
最温馨，最不着痕迹的办法，
让孩子掌握"阅读"这种人生最重要的学习武器。

Collective reading between parents and children, in a scientific sense, is helping equip children with the ability to read-the most important tool for one to learn knowledge throughout his life-in the warmest, happiest and the most natural way.

개별독서는 '혼자서 전투'하는 것이고
함께 독서하는 것은
단체 지혜의 부딪침이고 팀 정신의 체현이다.
우리는 일반적으로 개별독서와 공동독서 중
어느 것이 더 좋은지를 생각하지 않는다.
왜냐하면 우리의 교육은 무의식중에
개별독서의 습관을 길러주고 있기 때문이다.
우리가 학교를 떠나 사회에 뛰어들었을 때
비로소 사람과의 협력이 삶속에서
제일 중요한 과제임을 발견하게 된다.

个别阅读是"一个人在战斗",
共同阅读是集体智慧的碰撞,
团队精神的体现。
我们一般不会思考个别阅读和共同阅读哪种更好,
因为我们的教育无形中在培养个别阅读的习惯。
当我们离开学校，走进社会后才会发现,
与人合作是生活最重要的课程之一。

Independent reading is more like "fighting a battle all by oneself ", while collective reading is a practice of polling collective wisdom and a presentation of teamwork spirit. We rarely give thought to which one of them is better, because the education we receive in school implicitly encourages independent reading. But when we leave school and embrace society, we suddenly find that cooperation is one of the most important lessons of life.

'독서'는 무엇인가를 '하기' 위함이고
'한다'는 것은 '독서'를 실천하는 행위이며
이 '하는 것' 또한 다른 '독서'를 한다는 것임을
우리는 명확히 알아야 한다.

我们应该清楚,
"读"是为了"做"
"做"是在实践"读"
"做"也是另一种"读"

We should be well aware of the relationship between reading and doing. "Reading" is for the sake of "doing", and "doing" is practicing what you have read, and in that sense, "doing" is actually another form of "reading".

서로 다른 언어권에서 산다는 것은,
서로 다른 세계에서 산다는 것을 의미한다;
함께 책을 읽는다는 것은,
바로 공통 언어와 암호를 창조하고
공유하는 것이다.
함께 책을 읽는 것은
같은 책을 읽는 사람과
함께 산다는 것을 의미한다.
만약 함께 책을 읽고,
함께 쓰며,
함께 사는 게 없다면
교사와 학생,
부모와 자녀,
학생과 학생은
단지 같은 지붕아래 사는
낯선 사람들인 것이다.

生活在不同的语言里，
就是生活在不同的世界里；
共读一本书，
就是创造并拥有共同的语言与密码。
共读，就是和读同一本书的人真正生活在一起。
如果没有共读，共写，共同生活，教师与学生、
父母与孩子，学生与学生，
不过是同一个屋檐下的陌生人。

Using different languages is like living in different worlds. When people read the same books, they are in effect creating and sharing the same languages and codes, hence living in the same world. Without reading, writing and living together, students and teachers, kids and parents as well as students themselves are just strangers to each other even under the same roof.

전자책의 보급에 따라
종이책의 운명은 큰 도전을 받고 있다.
전자책은 종이책의 모든 세부사항과 기능을
모방했는데,
여기에는 책을 펼치는 소리,
먹의 흔적까지 포함되어 있다.
아마도 미래에는 종이와 먹 냄새까지
모방할 것이다.
나는 변화하는 것은 언제나 형식이며,
실질적인 내용과 정신적인 책의 향기는
영원히 없어지지 않을 것임을 믿고 있다.

随着电子书的普及，
纸质图书的命运受到了很大的挑战。
电子书在模仿纸质书的所有细节与功能，
包括翻页的声音，墨汁的痕迹，
或许将来也能模拟出纸和墨的香味。
我相信，改变的永远是形式，
而实质的内容，精神的书香，
永远不会消失。

With the increasing popularity of e-books, the printed books have encountered with great challenges. E-book readers have been mimicking the latter in an all-round way, covering all the details and functions, from the sound effect of turning a page to e-ink, and maybe in the future they will even smell like books. Yet whatever changes that will take place, they are just changes of form, and the essence of books, the enjoyment of reading and the fragrance of spirit will never disappear.

부지런함으로는 책에서 지식을 얻고
마음으로는 책에서 밝히지 않은 도리를
탐색해야 한다.
책의 노예가 되어서는 안 된다.

用勤奋去获取书中已明之识，
用心智去探索书中未明之理，
而不能成为书本的奴隶。

We should try to perceive the truth clarified in books with diligence, and more importantly, explore the unexposed truth through creative thinking instead of becoming the slaves of books.

PART. 4

교사는 학생의 생명력을 구해주는 귀인이다

教师是学生生命中的贵人

Good Teachers Are Treasure in Student's Life

화가는 그림에다 생명력을 불어넣고
농민은 땅에서 경작을 통해
생명력을 불어넣으며
교사는 교육을 이해하고 교육을 통해
생명력을 불어넣어 준다.

画家以绘画为生命意义之寄托，
农人以在大地上耕作为生命意义之寄托，
而教师，应把真正理解教育，
做真正的教育作为生命意义之寄托。

Painters search for the meaning of life in painting, and farmers in farming in fields. When it comes to teachers, they should seek it in exploring the essence of education and making unremitting efforts to become genuine teachers.

교사는 학생에게 생명력을
불어넣어주는 귀인이지
생명력을 만들어주는 장인이 아니다.
장인은 책만 가르치고
사람을 육성하지 않으나
귀인은 책을 가르칠 뿐만 아니라
사람도 육성한다.

教师是学生生命中的贵人，
而非匠人。
匠人只教书，不育人；
贵人不但教书，而且育人。

Good teachers are treasure in students' life, far more than someone who knows some skills about teaching. Because what they do is not only about passing down knowledge, but also about cultivating minds.

교사는 봄누에가 되어서는 안 된다.
교사의 생명력은
모든 계절에 있기 때문이다.
"누에는 고치를 만들어 스스로 그 안에 갇히고"
"봄누에는 죽어서야 실을 완성하는 데"
이러한 봄누에의 일생을 보면 얼마나 처량한가!
현대의 교사는 이런 모습이 되어서는 안 된다.

教师不是春蚕。
教师的生命在每一个季节。
"作茧自缚","春蚕到死丝方尽"是多么凄凉!
这显然不应该是现代教师的形象。

Teachers have no semblance of silkworms, which are always portrayed as a miserable existence in old Chinese sayings like "to cocoon oneself like silkworms", or "Silkworms of spring will not stop weaving until death". Obviously those descriptions are not in conformity with the image of contemporary teachers.

교사는 인류영혼의 기술자가 아니다.
인류의 영혼은 하나의 기계가 아니고
기술자가 임의로 수리할 수 있는 것이 아니며
어떠한 기술로 만들거나 바꿀 수 있는 것이 아니다.
만일 교사를 영혼을 만들어주는 기술자라고 한다면,
교사 자신의 영혼은 누가 만들어줄 것인가?

教师不是人类灵魂的工程师。
人类的灵魂不可能是一台机器，
让工程师任意修理，
用某个工艺流程去塑造或者改变。
而且，教师自己的灵魂又由谁去塑造呢?

It is improper to compare teachers to the engineers of the human soul, for the human soul is nothing like a machine under the entire manipulation of some engineer, molded or changed through some specific process. Besides, even so, then who will be responsible for shaping the soul of teachers?

교사는 촛불이 아니다.
교사는 태워져서 남을 밝혀주는 촛불이라 여겨
학생 발전의 전제를 교사의 희생 하에 둔다면
그것은 당연히 타당하지도 않은 황당한 일이다.
'초가 다 타서야 촛물이 마른다'는 비극이
교사에게 재연되어서는 안 된다.

教师不是蜡烛。
把教师看成燃烧自己照亮别人的红烛，
把学生发展的前提建立在牺牲教师的基础上，
显然不妥当，而且很荒唐。
“蜡炬成灰泪始干”的悲剧，
不应在教师身上上演。

Teachers are also nothing like candles. It is apparently inappropriate and even ridiculous to liken teachers to red candles, which burns out themselves to illuminate others. And the development of students should in no way be at the expense of teachers' benefits. The tragic story that "a candle's tecus dry only when it is burned down to ashes" should not be the destiny of a teacher.

교사는 원예사이다.
그러나 꽃이 원예사에게 영향을 끼칠 수는 없다.
다만 원예사에게 감각적인 즐거움과
일의 성취감을 가져다 줄 수는 있다.
하지만 학생이 교사에 미치는 영향력은 매우 크다.
교육과정은 교사와 학생이 상호 작용하는 과정이다.
따라서 교사 자신도 아름다운 꽃이 되어야 한다.

教师不仅仅是园丁，
花无法影响园丁，
只能给园丁带来感官的愉悦和工作的成就感。
而学生对于教师的影响是巨大的。
教育过程是教师与学生互相作用的过程。
教师自己本身应该是一朵美丽的花。

Teachers are more than gardeners. To a gardener, the flowers he grows can purely bring him sensual pleasure and a sense of accomplishment without exerting any actual influence on him. But to a teacher, the influence of students can be tremendous in that the teaching process is all the way entwined with interaction between teachers and students. In that sense, teachers are beautiful flowers in themselves.

교사란 도대체 무엇인가?
사실 교사는 교사일 뿐이다.
교사와 학생은 한 쌍의 의지하는 생명력이며
함께 성장하는 파트너이다.
교사는 매일 신성함과 평범함 속을
걸어가고 있으며
미래와 현재를 위해 일하고 있을 뿐이다.
교사도 사람이기에
자신만의 희로애락을 가지고 있다.
그렇지만 교사는
반드시 훌륭한 사람이 되어야 하고
큰 그릇 같은 사람이 되어야 한다.
왜야하면 학생들의 건강한 발전에
영향을 줄 수 있는 사람이기 때문이다.
그러기 위해 교사는
학생들이 영원히 기억하고
배울 수 있는 모범이 되어야 하는 것이다.

教师究竟是什么?
其实，教师就是教师。
教师与学生是一对互相依赖的生命，
是一对共同成长的伙伴。
教师每天在神圣与平凡中行走，
为未来和现在工作。
教师首先是一个人，
有自己的喜怒哀乐，
他必须做好一个人，争取做一个大写的人，
一个能够影响学生健康发展的人，
一个永远让学生记住并学习的人。

How should we define teachers? As a matter of fact, a teacher is simply an individual being, interdependent and growing with students together, living as an ordinary human as well as a saint, working for the present as well as the future. On the one hand, a teacher is just a worldly man, who has his own happiness and sorrow. On the other hand, a teacher must be a man of humanity who makes unremitting efforts to fulfill the best of himself, a man who can always steer students into the right path and thus being learned and remembered forever.

교사란
모험과 위험을 가득 지니고 있는 직업이다.
위인과 죄인이 모두 그의 손에서
만들어지기 때문이다.
그렇기 때문에 교사는 살얼음 위를 걷듯이
최대한 자신과 자신의 학생을
숭고하게 여겨야 한다.

教师是一个冒险甚至危险的职业。
伟人和罪人都可能在他的手中形成。
因此，教师必须如履薄冰，
尽最大努力让自己和自己的学生走向崇高。

To be a teacher can be risky, because with his own hands, both great men and evil men can be created. Therefore, teachers must be as cautious as walking on thin ice, trying their utmost to lead themselves and their students toward sublime.

교사와 학생은 동전의 양면과 같다:
교사가 없으면 학생의 학습은
생각할 수 없으며;
학생이 없으면 교사의 존재는
의미를 잃어버린다.
교육 중 부딪친 모든 문제들은
학생들의 생명력에 관 문제이기도 하고
또 교사가 직면한 생명력의 문제이기도 하다.

教师与学生是一枚硬币的两面，是两面一体：
没有教师，学生的学习无从谈起；
没有学生，教师的存在失去意义。
教育中遭遇的所有问题，
既是学生的生命难题，
也是教师面临的生命难题。

The relationship between teachers and students is just like the two sides of a coin, coexisting with each other. Without teachers, students will learn from nowhere; without students, teachers will lose the value of existence. All the challenges existing in education should be faced by students and teachers together.

교사의 발전이 없으면
학생의 발전도 영원히 없으며,
교사의 행복이 없으면
학생의 즐거움도 영원히 없을 것이다.

没有教师的发展，
永远不会有学生的成长；
没有教师的幸福，
永远不会有学生的快乐。

Without the development of teachers, it would be impossible for students to grow, and without the happiness of teachers, it would be impossible for students to be happy.

교사는 비장한 배역이 아니어야 한다.
교육과정 속에서
아이들과 함께 삶을 누려야 하고
서로에게 생명력을 비춰주고 밝혀줘야 한다.

教师不应该是悲壮的角色，
应该是在教育的过程中，
和孩子们一起享受教育生活，
由此，师生的生命彼此辉映，互相照亮。

Teachers are not supposed to play the tragic role. Instead, they should enjoy the process of teaching and the educational life, together with their students. By that, students and teachers can become the light of each other's life.

모든 교사는
'내가 바로 수업과정이다'
'내가 바로 교육이다'
'내가 바로 국가이다'
라고 말해야 한다.
모든 교사가 선택한 방향은
바로 나라의 방향이며 미래의 방향이다.

每位教师都应该说：
"我就是课程"，
"我就是教育"，
"我就是中国"。
每个人选择的方向，
就是国家的方向，
未来的方向。

Every teacher should have the confidence to say that "I am the incarnation of education" and "I am the incarnation of my country", because the choices that each individual teacher makes will decide the future of the country.

우수한 교사는
원대한 이상이 있어야 하고
끊임없이 자기에게 추구하는 목표를
제시하며
동시에 뜨거운 열정도 있어야 한다.
성장 중인 교사에게 있어서
조용한 사고도 필요하지만
뜨거운 열정의 타오름이 더욱 필요하다.

一个优秀的教师，必须具有远大的理想，
不断给自己提出追求的目标，
同时又要有激情。
对一个成长中的教师来说，
需要平静的思考，
但更需要激情的燃烧。

An excellent teacher must have great ambition, keeping setting up new goals for himself. He also needs to have passion, because to a growing teacher, the stimulation of passion is more needed than quiet meditation.

교사에게는 3가지 경지가 있다.
하나는 직업이다.
노동을 지불하고 대가를 받는 생업이다.
그렇지만 부지런하고 성실해도
이익 창조는 어렵다.
둘째는 사업이다.
교실은 개인의 가치를 실현시킬 수 있는
무대이고,
이를 통해 타인으로부터 인정받기를
갈망한다.
셋째는 지향이다.
그들은 학생들과 함께 성장하는 것을
최고의 이상으로 생각한다.

教师有三种境界：
一是作为职业，
视为付出劳动交换薪酬的谋生之所，
他们或许兢兢业业却难有创造。
二是作为事业，视为实现个人价值的舞台，
他们渴望来自他人肯定。
三是作为志业，
视为人生的最大理想，
他们更希望与学生一起成长。

There are three levels in teaching. On the first level, teaching is merely regarded as a job, a means to make a living. Teachers on that level may work hard but can hardly excel at it. On the second level, teaching is taken as a career and used as a platform to fulfill personal values. Teachers on that level crave for recognition from others. On the third level, teaching is deemed as a cause, the most important ideal in one's life. Teachers on that level are much eagerer to grow with their students.

이상적인 교사는
천성적으로 제 분수만을 지키지 않고
영원히 꿈을 꾸는 사람이어야 한다.
교육의 매일은 모두 새로운 것이며
매일 마다 교육의 뜻과 주제가 모두 다르다.
교사는 강렬한 충동, 소원, 사명감을 가져야
문제를 제기 할 수 있고,
자신에게 '번거로움'을 찾아줄 수 있으며
시적인 교육의 삶을 지닐 수 있다.

一个理想的教师，应该是个天生不安分，永远会做梦的人。
教育的每一天都是新的，
每一天的内涵与主题都不同。
教师只有具有强烈的冲动，愿望，使命感，
才能提出问题，
才会自找“麻烦”，
也才能拥有诗意的教育生活

An ideal teacher should be one who never feels satisfied by nature and who always has dreams. To education, everyday is a brand-new day, and its contents and focus keep changing. Only those who are self-motivated, goal-driven and have a strong sense of mission are able to raise new questions and come up with new ideas, and finally lead a poetic educational life.

이상적인 교사는
끊임없이 성공을 추구하고
성공을 설계해야 하지만,
더욱 중요한 것은 성공을 위해 부딪쳐야 한다.
왜냐하면 사람이 세상에 왔을 때
그가 어떤 사람이 될지 모르므로,
모든 성공 가능한 문제에 부딪쳐야만
성공의 불꽃을 피울 수 있기 때문이다.

一名理想的教师，
应该不断地追求成功，设计成功，
更重要的是要撞击成功。
因为人来到世上并不知道他会成为什么样的人，
只有去撞击每一个可能成功的暗点，
才能擦出成功的火花。

An ideal teacher should constantly pursue success and try to achieve it, but what is more important for him is to explore varies ways to success. Because one is born not to know what he will become and accomplish, and only by exploring every possible way can he have the chance to get the glimpse of the most shining sparkle of success.

이상적인 교사는
자기를 잘 알고 자기를 발견할 줄
알아야 한다.
삶속에서 일부 사람들은
왜 격정을 잃어버리게 될까?
왜냐하면 그는 자신의 위대한 부분을
발견하지 못했기 때문이다.
사람은 영원히 그가 추구하는 목표를
넘어설 수는 없다.
마찬가지로 사람은 영원히 자기에 대한 평가를
넘어설 수도 없는 것이다.

一个理想的教师，
应善于认识自己，发现自己。
生活中有一些人为什么丧失了激情?
因为他发现不了自己的 可爱之处和伟大之处。
一个人永远不会超过他追求的目标。
同样，一个人也永远不会超过对自己的评价。

An ideal teacher should excel at getting self-knowledge and achieving self-discovery. Why have some people lost the passion for life? Because they are blind to the strength and greatness in themselves. One can never reach a further place than the destination that he sets, and one can never become a better man than what he believes he will be.

교사의 제일 중요한 임무는
가르치는 게 아니라
학생들과 함께 배우는 것이다.
학습열정이 부족한 교사는
학생에게
진정한 지식의 깨달음을 주기 어렵고
학생에게
인격상의 감동을 주기는 더욱 어렵다.

其实，教师最重要的任务不是教书，
而是学习，和学生一起学习。
一个缺乏学习热情的教师，
很难真正给学生知识的启迪，
更难真正给学生以人格上的感召

The most important task for a teacher, as a matter of fact, is not teaching but learning, learning with students. A teacher who is reluctant to learn can barely enlighten students with knowledge, not to mention inspire them on the shaping of personality.

진심은
오직 진심으로만 불러일으킬 수 있고
선량함은
오직 선량함으로써만 가르칠 수 있으며
아름다움도
오직 아름다움으로만 가꿀 수 있다.

真诚只能用真诚来唤起，
善良只能以善良来培育，
而美丽也只能靠美丽来润泽。

As you sow, so shall you reap. Thus only sincerity can be rewarded by sincerity, goodness by goodness, and beauty by beauty.

학생의 두뇌는 빈 용기가 아니라
풍부한 수자원을 가지고 있는
깊은 우물이다.
교사의 사명은
학생이 자신의 우물을 발굴할 수 있도록
이끌어주고
학생에게서 지식이 터져 나오는
'우물'이 되게 하는 것이다.

学生的大脑不是空荡荡的容器，
而是一口蕴藏着丰富水源的深井，
教师的使命正是要引导学生挖掘自我这口井，
让每一个学生都成为一口知识的泉水喷涌而出的"井"。

Rather than an empty container, students' heads are a deep well which reserves abundant water resources. So the ultimate mission of teachers is tapping the potential of the "well", letting the spring of knowledge bubble out.

독서와 학습은
마치 평소에 음식을 먹는 것처럼
입 안에서 잘게 씹고
위 안에서 부드럽게 갈아줘야
장에서 충분하게 흡수할 수 있다.
지식이 진정으로 소화가 되면
지식이 서로 융합되어 모든 문제를
관통시킬 수 있으므로
갑자기 시험을 대비하기 위해
싸울 필요가 없다.

读书学习，
应该像平时吃东西一样，
在嘴里嚼得极细，
在胃里磨得极烂，
在肠里吸收得极充分。
当知识得以真正消化，就能够融会贯通，
就不需要临时为考试去突击。

Reading a book should be the same as eating: we first chew up the food well in our mouth, then break down the food into extremely tiny pieces in stomach and fianlly get food fully digested and absorbed in intestines. Similarly, once the knowledge is digested to the full, we will have a comprehensive mastery of it, and never need to be frantic in face of any exam coming around.

이른바 "부담을 줄여준다"는 것은
간단하게 숙제를 조금 내준다거나
수업시간 및 차수를 줄여주는 것이 아니고,
학생의 학습태도를
수동적인 것에서 주동적인 태도로
바꾸게 하고
효과 없는 교육의 효용성을 줄이는 것이다.

所谓"减负",
绝不是简单地少布置作业或减少课时,
实质是让学生变被动学习为主动学习,
减少师生的无效劳动。

The so-called "alleviating the burden on students" is by no means as simple as assigning less homework or reducing teaching hours. The underlying meaning of it is turning students' study habit from passive learning to active learning, thus decreasing the futile work of both students and teachers.

교사는 “모든 학생들에게 맞는 교육”을
전제로 하여,
모든 학생들이
지식을 얻는 즐거움,
사고의 즐거움,
창조의 즐거움을
느끼게 하면
모든 학생들은 배움에서 성공자가 될 수 있다.

教师真正面对每一个具体的学生真正“因材施教”，
让每一个学生都感到
求知的快乐，思考的快乐，创造的快乐，
那么，所有学生都可以成为学习上的成功者。

If every teacher can teach students in accordance with their own aptitude and make everyone of them feel the joy of learning, thinking and creating, then all the students can become successful learners.

교사가 학생들을 사랑하는
중요한 표현 중의 하나는
바로 모든 아이들을 믿는다는 것이다.

教师爱学生的重要表现之一，
教师是学生生命就是相信每个孩子。

For teachers, believing in every student is one of the most important indications of loving students.

모든 아이들은 모두 거대한 잠재력을
지니고 있으며
또한 모든 아이들의 잠재력은
서로가 다르다.
오직 지혜로운 안목으로
모든 아이들의 잠재력을 발견하고
아이들이 끊임없이 자발적으로
탐색하도록 격려해 주어야
비로소 그들의 재능이
마음껏 발휘될 수 있는 것이다.

每个孩子都具有巨大的潜能，
而且每个孩子的潜能是不一样的。
只有独具慧眼，发现每个孩子身上的潜能，
鼓励孩子去不断地自主探索，
才能使他们的才华得到淋漓尽致的发挥。

Every child has huge potential and everyone's potential is different. A good teacher should have a pair of keen eyes to discover the potential deeply hidden in them, and ecourage them to explore their potential continuously and consciously. Only by that can their talent be brought into full play.

도덕 교육은
소리 없이 만물을 윤택하게 하는 과정이며
넉넉하고 따뜻한 환경을 필요로 한다.
수많은 교사들이 담당하는 역할은
'경찰'과 같으며
제일 자주 사용하는 '무기'는 바로 꾸짖음이다.

道德的教育是润物细无声的过程，
尤其需要宽松，宽容和温馨的环境。
许多教师常常扮演的角色却是"警察"，
最常用的"武器"就是批评。

Moral education should be a subtle and gradual process which especially requires a loose, tolerant and loving environment. However, lots of teachers often prefer to play the "bad man" and the most frequently used "weapon" is criticizing.

교사는 사회에 관심을 가져야 하고
인류운명에 관심을 가져야 하며
학생들의 사회적 책임감을 기르는데
중점을 둬야 한다.
만약 교사가 온종일 관심을 갖는 게
순위와 점수라면
아이들이 어떻게 사회에 대해 관심을 가지며
그런 마음을 어떻게 발전시킬 수 있겠는가?
오직 사회적인 책임감이 있는 교사만이
사회적 책임감을 갖는 학생들을 만들 수 있다.

教师应该关注社会，关注人类命运，
注重培养学生的社会责任感。
如果教师整天关心的是名次，是分数，
孩子们如何关注社会？心灵怎么能得到发展？
只有具有社会责任感的教师，
才能塑造学生的社会责任感。

Teachers should care about society and human destiny, and focus on teaching students what is social responsibility. If all they concern are only about ranks and grades, then how do they even expect students to care about society, and how can students get healthy mental development? Only teachers with the sense of social responsibility are capable of shaping that of their students.

직업적인 인식과 전문적인 발전은
교사가 성장할 수 있는 두 날개이다:
전문적인 발전은 직업적인 인식의 기초이며
직업적인 인식은 전문적인 발전의 동력이다.

职业认同与专业发展是教师成长的两翼:
专业发展是职业认同的基础，
职业认同是专业发展的动力。

Career recognition and professional development are two essential factors that will drive a teacher's development. Professional development is the cornerstone for a teacher to win Career recognition, and career recognition is the driving force for one to achieve professional develoopment.

한 교사의 성과에 대한 평가는
그가 얼마동안
글을 가르쳤는가에 있는 게 아니라
그가 얼마동안
심혈을 기울여 글을 가르쳤는가에 있다.
착실하게 5년을 가르친 교사와
일 년 만 열심히 가르치고
평생을 반복한 교사의 성과는
당연히 다르다.
절대로 교육의 낡은 로고를 들고
매일 어제의 이야기를 반복하지 말아야 한다.

衡量一个教师的成就不在于他教了多少年书,
而在于他用心教了多少年书。
一个实实在在教了五年的教师,
与一个认真教过一年却重复一辈子的教师,
成就当然不同。
千万不要"拿着一张教育的旧船标,
每天重复昨日的故事"。

To measure how much accomplishment a teacher has achieved, it does not matter how many years he spends on teaching but how much energy he devotes to it. The accomplishment of a teacher who puts all his heart in teaching for only five years is apparently superior than that of a teacher who teaches all his life but half-heartedly.

교육의 각종 문제에 직면했을 때
비평과 질책은 매우 쉬우며,
수많은 어려움을 겪은 후에
세속을 비난하는 자가 되는 것도 매우 쉽다.
마음속에 꿈을 가지고 근본적인 믿음을 지닌
사람이 되는 것은 매우 어렵다.
그러나 이렇게 해야 하는 것이
교사의 천명이다.

面对教育的各种问题，
批评与指责很容易；
经历重重困难之后，成为一个愤世嫉俗者，也很容易。
要成为一个仍然心怀梦想，
怀着根本信念的人，则是艰难的，
而这，正是教师的天命之所在。

In the face of various problems and challenges in education, it is easy to criticize, reproach, and to be a cynic, but hard to stick to your initial dreams and still keep faith after going through all the difficulties and hardships. And that is what a teacher is destined to do.

진정한 교사는 자기와 학생이
수많은 어려움과 의심을 뛰어넘은 후에
세계·인류·자기
그리고 존재하는 모든 것에 대하여
근본적인 믿음과 신념을
구축할 수 있어야 한다.
이런 믿음·신념·신앙의 구축은
교사가 되는 반석이다.

真正的教师，
应该让自己和学生
在跨越重重困难以及怀疑之后，
仍然能够建立起对于世界，对于人类，对于自我、
对于存在的根本信任乃至于信念。
这种信任，信念乃至于信仰，是成为一名教师的基石。

A qualified teacher should be capable of encouraging his students as well as himself to reestablish the foundamental trust and faith in themselves, the whole humankind, and the world at large in spite of all the difficulties and doubts they've been through. This is the foundation of becoming a real teacher.

교육은 인문학이다.
교사는 지식의 전달자일 뿐만 아니라
학생의 정신적 삶의 지도교사여야 한다.
다만 이 정신적인 삶은
학과지식의 전달을 통하여
더 많이 진행된다.

教育是人学。
教师不仅是学科知识的传授者，
更应该是学生精神生活的导师。
只是这精神生活更多是通过学科知识的传授进行。

Education is a kind of science about people. Teachers are not only those who can pass on knowledge, but more importantly mentors who nourish students' mind. And more often than not, the latter process is realized by the process of the former.

교사는 모든 아이들의 마음을
지켜야 하고
교실 안의 모든 아이들에게
관심을 가져야 하며
특히 부모에게 버림받은 아이들에게
관심을 두어야 한다.
왜냐하면 교사의 마음 사전에는
'포기'라는 단어가 없기 때문이다.

教师应该守住每一个孩子的心灵，
应该关注到教室里的每一个角落，每一个孩子，
特别是关注已经被父母放弃的孩子。
因为，在教师的心灵词典里，没有“放弃”一词。

Teachers should be safeguards of children's heart, caring about every child in the corners, especially those who have been already given up by their parents. Because in the dictionary of teachers, there is no such words as "giving up".

학문과 배움은 질문에서 시작된다.
문제를 제기하는 것은
지식욕, 호기심의 표현이며
학생들이 문제를 제기하고 싶지 않아하거나
문제를 제기할 수 없을 때
진정한 학습은 아직 시작되지 않은 것이다.

学问，学从问开始。
提出问题，是求知欲，好奇心的表现，
学生不想提出问题或者无法提出问题时，
说明真正的学习还没有开始。

Learning starts with asking, because asking is a representation of the thirst for knowledge and curiosity. When a student does not want to ask or is incapable of asking, it just means that he has not embarked on the path of learning.

좋은 수업의 기준은
교사가 뛰어난 공연을 했는가를
보는 게 아니라
학생의 뛰어난 행동이 있었는가를
보는 것이다.

好课的标准,
不是看教师有无出色的表演,
而是看学生有无出色的表现。

To tell whether a class is good or not does not lie in the performance of the teacher but that of the students.

전통적인 수업은 마치 군대처럼
강한 규율을 강조했으며,
학생들은 옷깃을 여미고 단정히 앉아 있고,
살얼음 위를 걸어가듯 전전긍긍해 했다.
이러한 수업은
학생들의 심신을 발전시키는데
무거운 족쇄를 채우는 것이다.

传统课堂犹如军营，
强调铁的纪律，学生正襟危坐，如履薄冰，战战兢兢。
这样的课堂，给学生的身心自由发展套上了沉重的枷锁。

Traditional classes are much like armies, putting emphasis on iron discipline. Due to that, it is not uncommon to see that students in class sitting upright and still, looking very strained and nervous for fear of making any mistakes. Such classes are nothing but shackles to prohibit them from free development, physically and psychologically.

모든 학생들은
교실의 주인이 되어야 하며
교실에서 행복을 누릴 수 있어야 한다.
'모두'는 매우 중요하며
일부 학생이 다른 일부 학생의
'공부하는 짝'이 되게 해서는 안 된다.

应该让每一个孩子都成为教室的主人，
应该让每一个孩子都享受到班级里的幸福。
"每一个"很重要，
不能让一部分人成为另外一部分人的"陪读"。

We should let every single child become the host of class and enjoy the happiness of class. The words "every single child" must be particularly highlighted, and we should never ever make any of them an invisible man in the class.

교실은 하나의 공간이며 무대이다.
하루하루는 시간이며 생명력이다.
교실에서 보낸 모든 날들에
관심을 가져야 한다.
교사가 몇 가지 일을 잘 하는 건 쉽고
열심히 몇 가지 중요한 일들을 대하는 것도
쉽지만
열심히 모든 나날들을 대하는 건 쉽지 않다.
모든 나날들이 기억에 남는 시간들로
만들어지게 해야 한다.

教室是一个空间，是舞台。
日子是时间，是生命。
应该关注在教室里度过的每个日子。
一个教师做好几件事情容易，
认真对待几个重要的日子容易，
但是要认真对待每个日子并不容易。
要让每个日子都成为值得铭记的时光。

A classroom is a stage and time is life. We should pay attention to every single day teachers spend in the classroom. It is easy for a teacher to be devoted to teaching for several days, but not easy to do that all his life. Teachers should cherish every single day and work hard to make each day worth remembering.

교육의 이 모습 저 모습의 안 좋은 것을
비난하고
응시교육이 우리에게 족쇄를 채운 것을
끊임없이 비평하며
우리의 생명력이 원망과 비평 중에서
흘러가게 하면서
왜 우리는 자신의 에너지를 발휘하여
자기의 권리를 행사하고
이들 족쇄를 벗어나려고 하지 않는가?

与其抱怨教育的这也不是那也不好，
与其不断批评应试教育给我们戴上镣铐，
与其让我们的生命在抱怨、批评中度过，
我们为什么不发挥自己的能量，
行使自己的权利，去跳出一场精彩的“镣铐舞”呢？

Rather than keeping complaining about the current educational system and all sorts of restrictions it imposes on us, and rather than wasting our life on useless grumbles and blame, why not do as much as we can to make a difference?

PART. 5

교장은 교사정신을 집결시키는 하나의 구심점이다

校长是聚集教师精神的一种力量

A Principal Is a Strong Cohesive Force to Bring Teachers Together

교장의 깊이는 학교의 높이를 결정한다.
한 학교의 성과는
절대로 교장이 기대하는 목표를
넘어설 수는 없다.

校长的深度决定着学校的高度。
一所学校的成就
绝对不可能超过校长所期望达到的目标。

The prospects of a school depend on the vision and insight of its principal. The accoplishments a school can achieve are impossible to go beyond the expectations of the principal.

학교는 한 개의 긴 강이다.
교장은 강줄기의 교량이며
과거와 미래의 연결자이다.
교장은 학교의 역사와 전통에서
배울 줄 알아야 하고
학교가 땅의 기운을 받아
뿌리를 내리게 해야 하며,
교사와 학생을 위해
찬란한 비전을 제시하고
그리고 그것을 위해 함께 전진해야 한다.

学校是一条长河。
校长是河道的桥梁，
是过去与未来的联结者。
校长应该善于从学校的历史、
传统中学习，
让学校接地气、有根基；
校长还应该善于思考未来，
为师生描绘灿烂的愿景，
为之携手奋进。

A school is like a river and the principal serves as a bridge connecting the past and the future. He should, on the one hand, draw lessons from the history and tradition of the school to facilitate its development on a solid foundation, and on the other, he should also look into the future and lay out the blueprint for students and teachers, and hold their hands to strive for it.

교장은 먼저 학교의 사명과 비전에
관심을 가져야 하고
자신의 이익득실을
먼저 생각해서는 안 되며,
교장은 겸손한 성품과 강인한 의지를
지녀야 하고
공로는 남에게 돌리고
잘못은 자신이 떠맡아야 하며
책임을 질 줄 알아야 한다.

校长应该首先关注学校的使命和愿景，
而不是优先考虑自己的利益得失；
校长应该具有谦逊的个性与坚强的意志，
推功揽过，敢于承担责任。

As the head of a school, a principal should give priority to the realization of the school's mission and prospect rather than his personal gain and loss. He should also have a humble mind and a strong will, not anxious for instant benefits, and not afraid of taking blames and shouldering responsibilities.

어떠한 상황에서도 어떠한 제도에서도
교육은 모두 탐색의 공간이 있고
행동의 가능성이 있으며
교육의 지혜에 대한 교장의 척도가
학교 제도에서의 생존과 발전공간의 크기를
결정한다.

在任何状况下，任何制度下，
教育都有探索的空间，
都有行动的可能，
校长教育智慧的多少，
决定了学校在制度中生存与发展空间的大小。

Under any circumstances or systems, there always leaves much room for us to explore and take actions for educational development. The wisdom of the principal of a school can decide how well it can fit and develop under a certain system.

학교는 배이며
학교는 돛이며
학교는 바람이다

学校是船,
教师是帆,
校长是风。

If a school is a boat, then teachers are the sail, and the principal is the wind to direct it.

못난 교장은
언제나 교사를 원망하고
교사의 재능을 묻어버린다.
훌륭한 교장은
언제나 교사의 장점과 특기를 발견하여
교사의 재능을 발휘하게 한다.
탁월한 교장은 자신의 인격의 힘과
과학연구 및 교육성과로
교사들을 분발시키고
교사의 잠재력을 발굴한다.

一个没有出息的校长总在埋怨教师，把教师的才华埋藏起来。
一个优秀的校长总在发现每一个教师的优点，特长，
把教师的才能发挥出来。
一个卓越的校长能够用自己的人格力量和科研，
教学成就激发教师，把教师的潜能挖掘出来。

Impotent principals always find fault with teachers and restrain their talents; competent principals always dig their strength and fully develop their talents. An outstanding principal is good at making the best use of his power of personality as well as his research fruits and teaching achievement to inspire teachers and tap their potential to the full.

교장도 교사이고
특수한 교사이며
그 특수성은
그가 교사의 교사임에 있다.
교장은 교사들의 정신을 집결하는
하나의 힘이다.

校长也是教师，是特殊的教师，
其特殊性在于他是教师的教师。
校长是聚集教师精神的一种力量。

Principals, to some extent, are also teachers. The difference is, instead of teachers of students, they are teachers of teachers. A principal is a strong cohesive force to bring teachers together.

교사의 발아래에
붉은 카펫을 깔아주기를
좋아하는 교장이야말로
뛰어난 리더자이다.
교사가 자기의 어깨 위에서
성장하는 것을 즐기는 교장이
바로 지혜로운 거장이다.

乐意在教师脚下铺开红地毯的校长，
才是高明的领导。
乐于让教师站在自己肩上成长的校长，
就是智慧的巨人。

Principals who are willing to facilitate teachers to achieve personal success and win honors are wise leaders. And those who are ready to lend their hands to promote the development of teachers can be called gaints.

교장은 독서를 잘해야 할뿐만 아니라
교사들의 '두뇌'를 잘 읽어야 한다.
교장이 주변 교사들의 '두뇌'를 잘 읽어야만
비로소 교육지혜의 불꽃을 일으킬 수 있다.

校长不但要善于读书，
还要善于读“脑”。
校长只有善于读周围教师的“脑”，
才能碰撞出教育智慧的火花

A principal should not only excel at reading books but also reading "minds". Only by reading the "minds" of teachers and pooling their wisdom together can he inspire real sparkles of thinking on education.

교장은 학생이 되기도 해야 한다.
교사에게 배우고
심지어 학생에게도 배워야 한다.
이는 교장의 체면을
깎아내리는 게 아니라
끊이지 않는 믿음의 원천이
될 수 있는 것이다.

校长同时应该是学生。
应该向教师学习，
甚至向学生学习，
这不仅不会降低校长的威信，
反而会成为源源不绝的信任之源。

A principal should also act as a student, learnig from teachers and even students. It will not undermine the authority of the principal, but instead, build up the foundation of mutual trust.

교장이 단순한 관리자인지
아니면 교육자인지를 판단할 때
그가 자신의 교육이념이 있는지 없는지
자기의 교육사상이 있는지 없는지를
봐야 할뿐만 아니라
그의 이념과 사상이 행동에 관철되었는지를
봐야 한다.

判断一个校长是简单的管理者，
还是教育家，不仅要看他有没有自己的办学理念，
有没有自己的教育思想，
更要看他的理念与思想是否贯彻到行动中。

To judge whether a principal is purely an administrator or an educator, the point is not only to see whether he has certain philosophies of management or education, but also to see whether he has put those philosophies into practice.

제도는 하드 문화이고, 문화는 소프트 제도이다.
학교 제도규범의 제정은
평등하게 참여하는 과정이어야 하고,
학교 관리자와 교사와 학생이 함께 지켜야 할
'계약'이며,
교장의 의지를 학생에게 강요해서는 안 된다.

制度是硬文化，文化是软制度。
学校制度规范的制定，应该是一个平等参与的过程，
应该是学校管理者和师生共同遵守的"契约"，
而不能把校长的意志强加给学生。

Rules are a kind of hard culture, and culture is a kind of soft rules. The establishment of school rules should be a process equally participated and a contract indiscriminately observed by school administrators as well as teachers and students. The principal can never impose his own will upon students.

학교는 교장이 큰 꿈을 펼치는 세상이며,
좋은 교장은 학교라는 이 세상을
교사들이 마음껏 재능을 발휘하는 무대로
만들어야 한다.
교사는 감정을 몰입하는 배우이고
학생은 바로 자기를 잊은 관중이며
교장은 전략을 세우는 감독이다.

一所学校，是校长大展宏图的天地，
好的校长，
应该把这天地变成教师大显身手的舞台。
教师是倾情投入的演员，
学生就是浑然忘我的观众，
校长则是运筹帷幄的导演。

A school can perform as a platform for the principal to realize his great ambition. A wise principal should provide this platform for teachers to make a difference. On that stage, teachers are the devoted actors, students are the intent audience, and behind all these, the principal is the sole and commanding director who puts all under control.

역사는 노고를 기억하지 않으며
오직 공로만을 기억한다.
공로는 바로 당신의 혁신이고
당신의 풍격이다.
그러므로 공로를 세우려면
첫째도 특색이고
둘째도 특색이며
셋째도 특색이다.

历史不会记住苦劳,
历史只会记住功劳。
而功劳就是你的创新、
你的风格:第一是特色,
第二是特色,第三还是特色。

What history will remember are achievements not diligence. And achievements are all about innovation and people's personality. So all it matters is your uniqueness.

특색은 자연의 형성과 축적이며
또 하나의 설정과 양성이다.
단기적인 행위로는
학교의 특색을 갖출 수가 없으며
단지 잠깐 피어났다가 사라지는
간주곡이 될 뿐이다.
특색은 성숙 후 형성되는 풍격인 것이다.

特色是一种自然的形成与积淀，
特色也是一种预设与养成。
短期行为不会形成学校的特色，
只能成为一个昙花一现的插曲。
归根结底，特色是一种成熟后形成的风格。

The formation of certain characteristics is a natural process of accumulation. Short-term behavior can by no means help a school to form its characteristics or advantages. In short, characteristics are matured styles that are gradually formed.

우수한 학생만 가르칠 줄 아는 교사는
반드시 좋은 교사가 아니며,
우수한 학생만을 가르칠 줄 아는 학교도
반드시 좋은 학교는 아니다.

只会教优秀学生的教师，
不一定是好教师；
只会教优秀学生的学校，
也不一定是好学校。

Teachers who are only capable of teaching advanced students are not necessarily good teachers. Schools which can only teach advanced students are not necessarily good schools.

PART. 6

국가는 어린이의 성장에 대해 고도의 관심을 가져야 한다

童年的长度需要国家的高度

The Length of Childhood Depends on the Vision of a Country

아름다운 인성은
어린 시절의 행복으로부터 시작한다.
유년기를 아이에게 돌려주는 것은
교육의 기본 요구이다.

美好的人性，
从童年的幸福开始。
把童年还给孩子，
是教育的基本要求。

The formation of a good character starts with a happy childhood. So it is a basic requirement for education to return a happy and carefree childhood to children.

어린 시절의 아이들 성장에 대해서
국가 차원의 깊은 관심이 필요하다.

童年的长度需要国家的高度。

The length of childhood depends on the vision of a country.

교육을 잘하려면
아이를 선생님으로 보아야 한다.
아동의 세계는 현묘하고 깊어서
아직도 그 세계의 내면을 모르고 있다.
하지만 아이들의 창의력, 상상력은
어안이 벙벙할 정도로 놀라움의 극치이다.

要做好教育，我们必须把孩子视为老师。
儿童世界的玄妙与深邃，
我们还从未真的看个究竟，
但儿童的创造性，想象力，
已经让我们瞠目结舌，感叹不已。

To make progress in education, we must regard children as our teachers. Though children's world is too mysterious and unfathomable for adults to explore, their creativity and imagination have already surprised and impressed us a lot.

동심은 가장 아름답고,
가장 진실 된 것이다.
진실에 아름다움이 있고,
아름다움에서 참 모습이 보인다.

童心最美，
童心最真。
美在真中，
真彰显美。

The heart of a child is the most beautiful and innocent thing in the world. The beauty lies in its innocence, and the innocence enhances its beauty.

동심은 하나의 알록달록한 세계이며
물체와 나 둘이 다 있고
모든 것이 가능한 세계이다.
이것이 창조의 원천이다.

童心是一个斑斓的世界，
物我两忘，一切皆有可能，
这是创造的源泉。

A child's heart is a miraculous world where nothing is impossible. That is the source of creativity.

아동들에게 있어서
모든 것은 유희이다.
그들은 유희 중에서
교제하는 것을 배우고
세계를 알게 되고
자아를 발견하게 된다.
유희는 배움이고
배움 또한 유희이다.

对儿童来说，
一切都是游戏。
他们在游戏中学会交往，
在游戏中认识世界，
在游戏中发现自我。
游戏就是学习，
学习也是游戏。

For children, all is about playing. They learn how to make friends through playing, know more about the world through playing and discover themselves through playing. In short, playing is learning and vice versa.

손이 야무져야 영롱한 빛을 발한다.
아이가 각종 수공예를 하도록 격려해 주자.
손끝의 지혜는
두뇌의 지혜를 촉진시켜 준다.

手巧才能心灵。
鼓励孩子从事各种手工的劳作，
指尖上的智慧，
可以巩固，促进头脑中的智慧。

One can have creative mind only when he has skillful hands. We should encourage children to use their hands more and practice more to consolidate and promote their mental development.

사람의 일생은 유년기에서 시작된다.
유년기에 본 사물과 쌓은 경험은
성인세계로 내딛는 중요한 초석이다.
유년기에 본 진선미의 물건들이
많을수록 아이의 마음은 진선미로 가득차고
그의 생각도 진선미로 가득 채워진다.
어린 시절의 독서는
그를 진선미의 길로 들어서게 하는
최고의 길이다.

人的一生围绕着童年展开，
孩子在童年阶段看到的事物，
积累的经验是他进入成人世界最重要的基石。
童年阶段看到真善美的东西越多，
孩子的心灵就充满了真善美，
他的世界也就充满了真善美。
而童年时的阅读，
是让儿童走进真善美的最好的路径。

One's whole life is always spinning around his childhood. What a kid saw and learned in his childhood sets the tone for the days followed. If all he saw is the true, the good and the beautiful, then his heart and his world will be filled with them. And reading is the best way to lead our children to the true, the good and the beautiful.

아이들의 당대가 제일 중요하다.
어린 시절의 생활은 직접적으로
미래에 어떤 사람이 될지를 결정한다.
아동기는 인간성을 만드는 기초 단계이다.
어린 시절은 일생의 보물창고이다.

儿童的当下才是最重要的。
童年生活直接决定着儿童未来会成为怎样的人。
儿童阶段是为人的生命奠基的关键阶段。
童年，是孩子一生的宝藏。

We must focus on how is everything going with our kids in each single day. Because childhood is a critical period that will determine who they will become. It will lay a foundation for their whole life. Childhood is a lifetime treasure.

인생에 있어서
자신이 사랑하는 직업이 있다는 것은
제일 행복한 것이며,
가장 사랑하는 사람과 함께
사랑하는 일을 하는 것은
최고의 행운이다.

人的一生,
能够拥有自己挚爱的事业是幸福的,
能够和挚爱的人一起从事挚爱的事业是幸运的。

Throughout our lives, it is a happy thing for us to pursue our beloved career, and it is lucky to pursue the beloved career with our beloved ones. In education, we should teach our children to be concentrated and courageous to pursue their dreams, and show enough tolerance to their "liking some subjects and disliking the others".

어린 시절에는 아이들의 마음을 풀어 줘야 한다.
아이들이 시간과 공간을 가지고
상상하고,
캐묻고,
사고하고
탐색하고,
유희하고,
자아를 발견하고,
자아를 성취할 수 있도록
충분히 도와주어라.
학교에서의 "주입식교육"이나
가정에서의 각종 압력은
아이들의 성장법칙에 맞지 않고,
아이들의 성장을 방해한다.

童年应该放飞孩子的心灵。
让孩子拥有足够的时间和空间，
去想象，追问，思考，探索，游戏，
不断帮助孩子发现自己，成就自己。
无论是学校里的“满堂灌”，
还是家庭里的各种高压做法，
都不符合儿童身心成长规律，
从根本上阻碍着儿童的成长。

We should free our children from various kinds of constraints in their childhood, letting them have enough time and space to imagine, pursue, query, explore and play, and helping them discover and realize themselves. Neither the practice of spoon-feeding teaching in school nor high-pressure parenting at home is in accord with children's physical and mental development, which will fundamentally impede their healthy development.

아이가 가기 싫어하는 길은
설령 간신히 걸어간다 해도
결국에는 막힌 길이 나온다.

孩子内心不愿走的路，
即使勉强去走，
最后往往也是绝路。

If we force our children to follow a path they do not like, even if they obey us by doing that reluctantly, the path will just turn out to be a dead end.

상상력은 자연스럽게
아이들의 마음에 뿌리를 내린다.
관심을 주고 보호해 주며 칭찬을 해줘야 한다.
성인이 보기에 바보 같은 행동을 할지라도
그것부터 배워야 한다.

想象力天然地植根于儿童的内心。
关注它，呵护它，
就要学会为它喝彩，
就要从学会欣赏成人眼里只觉得愚蠢可笑的儿童行为开始。

Imagination is inherently a part of children's nature, which requires our concentration and nourishment. So we should learn to applaud and appreciate children's imagination and their seemingly laughable behaviors from the eyes of adults.

흥미는 인생의 방향과 업적을 결정해 준다.
흥미가 얼마나 큰가에 따라
그의 세계도 그만큼 커지게 된다.

兴趣决定了人生的方向与成就。
兴趣有多大，世界就有多大。

The direction of your life and the achievement you will make lie on what your heart longs for. The more passion you devote to it, the larger world you will have.

한 사람의 행동은 습관이 지배한다.
좋은 습관은 형태가 없지만
나쁜 습관은 틈새를 타고 들어온다.
아이가 나쁜 습관을 갖는 것을
방지하는 최고의 방법은
아이가 좋은 습관을 갖도록
도와주는 것이다.

人的行为受习惯支配。
好习惯没有形成，坏习惯就会乘虚而入。
防止孩子形成坏习惯的最有效的方法，
就是帮助他养成好的习惯。

Human behavior is in the charge of habits. The relationship between good habits and bad habits is like a tug of war- once the former loses power, the latter will take control. The most effective way to prohibit children from bad habits is to facilitate them to develop good ones.

문학은 생활의 축소판이다.
아이에게 문학을 감상케 하고
문학을 가까이 하게 하는 것은
미래에 작가로 배양하려는 것이 아니고
미래에 문학애호가로 키우려는 것이 아니라,
그의 마음을 성장시키기 위해서다.

文学是浓缩的生活。
让儿童欣赏文学，亲近文学，
不一定是培养未来的作家，
甚至也不是为了培养未来的文学爱好者，
而是为了心灵的成长。

Literature is the epitome of life. Encouraging our children to embrace the world of literature is not necessarily for the purpose of nurturing future literators or even literature lovers but for their healthy mental development.

아이가 낙서를 하고,
소리를 지르는 것을
우습게보지 말아야 한다.
아이는 타고난 예술가이기 때문이다.
예술은 날개와 비슷하며
아이를 더 높은 곳으로 이끌어준다.

不要小看孩子的信手涂鸦，随口吟唱，
孩子是天生的艺术家。
艺术如同翅膀，
能把孩子带往更高远的地方。

Never belittle the sketches of doodling or soft humming of a little kid. Children are born to be artists. And art, incarnating into a pair of wings, will fly our children to the boundless sky.

학습의 의미는
지식을 생활 속에서 운용하려는 것이므로
단순히 머릿속에다 저장해서는 안 된다.
옷장 속에 있는 수많은 옷들처럼
입지 않거나 입을 때 찾지를 못한다면
그것은 아무런 의미가 없는 것이다.

学习的意义是把知识运用到生活中去，
而不是简单装进我们的脑袋里。
就像家中衣柜里的衣服再多，
如果不穿，或者想穿时无法找到，
那是没有意义的。

The meaning of learning is to put your knowledge into daily practice, rather than purely memorize certain facts. For example, even if you have a wardrobe filled with countless clothes, if you never wear them or could not find the exact piece when you want to wear it, it still makes no sense.

일기를 쓰는 것은
장거리 도덕 시합을 하는 것과 같은
매우 유효한 한 방법이다.
일기 쓰기를 통해
학생은 자신이 한 모든 일과 행위를
끊임없이 반성하고
스스로 자신과 대화를 하고,
하나의 자아가 다른 자아를
이길 수 있게 하기 때문이다.

写日记是一种非常有效的“道德长跑”方式。
通过写日记，
学生可以不断反思自己的所作所为，
让自己与自己对话，
让一个自我战胜另一个自我。

Keeping a diary is a highly effective way to enhance one's moral values. Through the habit, students can talk to their souls and reflect on their deeds, thus making a better self out of themselves everyday.

자녀와 학생을 사랑하는 부모와 선생님은
아이 스스로 자신의 일을 할 수 있도록
배려해 주는 것을 알아야 하며
그들이 필요한 일을 스스로 감당할 수 있도록
놓아주어야 한다.
그들의 일에 대한 권리를 빼앗는 것은
그들의 성장 할 수 있는 기회를
빼앗는 것과 같다.

对于每一位深爱自己孩子或学生的父母与老师来说，
应该学会让孩子自己的事情自己做，
要学会放手让孩子和学生承担必要的劳作。
从某种意义上说，
剥夺了孩子和学生的劳动权利就等于使他们丧失了成长的机会。

To all the parents and teachers who love their children or students so much, they should learn the meaning of the words “letting go”, and encourage children to do things on their own and have some necessary manul work. Because in some sense, if we deprive them of the right to work, we, in fact, deprive them of their opportunities to develop and grow.

동화는 유년기의 식량이다.
동화는 아이를 도와서
감정을 분출케 하고,
희망을 길러주며,
지혜를 갖게 한다.
동화가 없으면 어린 시절도 없는 것이다.

童话是童年的粮食。
童话帮助儿童
宣泄着情感，孕育着希望，形成着智慧。
没有童话，就没有童年。

Fairy tales are the food for children's mind, which touch their souls, give them hope and help them to become men of wisdom one day. Without fairy tales, there would be no such thing as childhood.

성인은 의미를 위해 노력할 수 있지만
아이가 학습을 통해 정감과 기쁨을
함께 할 수 없다면
좋은 성과를 걷을 수는 없다.

成年人可以为意义而努力，
对于儿童来说，
学习如果不能伴随着情感的愉悦，
就难以取得好的成效。

Adults can always do things for certain purposes. Yet for children, they do things just for pleasure. If they cannot have the joy of studying, they can hardly gain good results from that.

아이의 세상은 정감으로 가득 차 있다.
꽃은 웃고,
풀은 울며,
나무는 춤을 춘다는 것을
어린이들은 느끼기 때문이다.
정감의 개입이 없다면,
어떤 지력적인 활동도 성과를 얻기가 어렵다.
아이가 이런 정서와 정감을 느끼면서 공부할 때,
공부의 효력은 최고가 되는 것이다.

儿童眼中的世界饱含着情感。
花会笑，草会哭，大树会跳舞。
没有情感的介入，
任何智力活动都很难取得真正的成效。
让孩子情绪高涨，
带着感情学习，
是帮助孩子提高学习效率的最好手段。

In children's eyes, everything in the world has feelings: flowers can smile, grass can weep, and trees can dance. Without the stimulation of emotions, any intellectual activity will become pointless. So the best way to facilitate children to improve learning efficiency is to bring out their emotions and make them study in high spirits.

선량함은 인성의 핵심이다.
선량함 없이 마음에서 우러나오는 따뜻함은
마음속의 진정한 미를 나타낼 수 없다.
선량함을 배양하는데 있어 제일 중요한 것은
생명의 존중과 사랑을 배우는 일이다.

善良是人性的核心。
没有善良这种出自内心的温暖，
就不可能产生心灵真正的美。
培养善良，
最重要的是学会对生命的尊重和热爱。

Goodness is at the very core of human nature. Without this warmth, a heart can never become beautiful. To cultivate the nature of goodness, the most important thing is to teach children to respect and love life.

생명은 생생불식 생명은 식식상우이다.
모든 아이는 선천적으로
모든 생명을 위해 노래를 부른다.
한 그루의 겨울나무에 대해 연민하고,
상처 입은 새에 대해 따뜻이 어루만져 주며…
어른들이 당연히 해야 하는 일은
정성껏 그들의 선량함을 보호해 주는 일이다.

生命生生不息，生命息息相通。
每个孩子天生都会为每一个生命歌唱：
对一棵冬天的小树充满怜悯，
对一只受伤的小鸟温柔爱抚…
成年人应该做的，
是全力呵护纯真的善良。

Lives never end and are interlinked. It is inherent in children's nature to chant for every single life: they show compassion for a little tree suffering from the bitter cold of harsh winter, have tender affection for a wounded little bird... It is adults' responsibility to do their utmost to protect such purity and innocence.

아이의 마음은
제일 섬세하고
제일 영민한
거문고 줄 같아서
고명한 손으로 병창해야만 한다.

孩子的心灵是最纤细最灵敏的琴弦，
需要一双高明的手才能弹唱。

The heart of children is like the finest and tenderest string in the world, which requires a most skillful artist to pluck at.

아동의 세계는
자신만의 언어와 논리가 있고,
자신만이 추구하는 가치가 있으며,
자신만의 시간척도도 있다.
어른의 시선으로 그들의 세상을
명확히 볼 수는 없다.
아이가 아닌 사람이
자신들의 영역을 침범하는 것을
그들은 환영하지 않는다.

儿童的世界有着自己的语言，逻辑，
有自己的价值追求，审美标准，
甚至有自己的时间尺度。
用成人的眼光无法看清这个世界。
儿童，也永远不会欢迎一个不是儿童的人闯入他们的国度。

In the world of children, they have their own language, logic of thinking, values, aesthetics, and even sense of time. We, as adults, can never see through that world clearly, and children will never welcome adults, who are deemed as alien, to their own territory.

아이의 성장은
화초의 마디치기와 별반 다르지 않다.
아이가 화초라면
과학과 문예는 태양과 비와 이슬이다.

孩子的成长，
其实和花草的拔节并无不同。
孩子是花草，
科学和文艺就是阳光和雨露。

The growth of a child is similar to that of grass and flowers. Children need the nourishment of science, literature and art, just as grass and flowers need the nourishment of sun and rain.

모든 아이에게는
수많은 가능성을 가지고 있으나
소수의 아이만 그 가능성을 현실로 만든다.

每个孩子都具有许多可能性，
但只有少部分孩子把可能性变成了现实。

Every child has infinite possibilities, but only a few of them can turn the possibilities into reality.

아이는 씨앗이다.
모든 씨앗은 가능성을 가지고 있다.
교육의 영향은
씨앗의 가능성을 증가시키기보다
그 가능성을 현실로 만들어
나무는 우뚝 솟게 기르고
꽃은 향기롭게 피우는 것이다.

孩子就是种子。
每一粒种子都蕴藏着极大的可能性。
教育的作用，不是增加种子的可能性，
而是尽最大的努力把可能性实现到极致，
让树拥有树的挺拔，让花绽放花的芬芳。

Children are seeds. Each of them contains vast energy to create great possibilites. The role of education is not to help children multiply those possibilities but realize them to the utmost. By doing that, one day the seeds will surely grow into booming flowers and high trees soaring into the sky.

PART. 7

부모는 아이들이 제일 먼저 접하는 세계이다.

父母就是儿童最初的世界

Parents Are Chidren's Initial World

아이들과 함께 성장하는 것은
좋은 부모들의 공통적인 특징이다.

与孩子一起成长，
是好父母共同的特征。

It is a common characteristic of good parents to grow with their children.

어린 시절에 받은 교육은
평생토록 영향을 끼친다.
부모는 아이들이 대하는
첫 번째 세계이다.
가정교육이 미치는 영향이
얼마나 큰 지를
뼈에 새기듯 명심해야 할 것이다.

孩童时代所受的教育影响着人的一生,
父母就是儿童最初的世界。
家庭教育对人的影响刻骨铭心。

The education one receives in his childhood will give him lifetime influence. Parents are children's initial world and the impact of parenting can be continuous and profound.

가정교육은 제일 쉽게 잘못을
발생시킬 수가 있다.
체계적인 교육과 과학적인 훈련을
받지 못한 부모는
마치 무면허 운전자처럼
끔찍한 결과를 초래하기 쉽다.

家庭教育是最容易出错误的地方。
没有接受过系统教育科学训练的父母，
正如没领到驾驶执照的司机一样，
匆匆上路，必定会产生不良的后果。

Of all types of education, family education is the most vulnerable to slips and lapses. Parents who have never received systematic training on education are just like drivers who do not have a license-rash driving will definitely lead to terrible consequences.

어떤 사람이 말했다.
"지구를 움직이는 손은
바로 요람을 미는 손과 같다"
좋은 가정이란,
부모가 아이들과 함께 성장하는 곳이며,
안 좋은 가정이란,
부모가 아이들에게
부정적인 영향을 미치는 곳이다.

有人说 ：
"撬动地球的手，
就是推动摇篮的手"
好的家庭往往是父母伴随孩子共同成长，
坏的家庭往往给孩子造成负面影响。

Someone says that "the hands once swinging a baby in a cradle will one day turn into the hands which can move the earth". In good families, parents grow with their children, while in bad ones, parents always exert negative influence on their children.

아이를 사랑하는 데는 지혜가 필요하며.
지혜를 가지려면 공부가 필요하다.
부모는 아이들이 빨리 자라라고
모를 뽑아 올려서는 안 되며,
또 하는 바가 아무것도 없어서도 안 된다.
아이들의 천성과 특성에 근거하여
좋은 쪽으로 인도하고,
바람에 따라 돛을 올릴 줄 알아야 한다.
아이들이 좋은 교우관계를 유지할 수 있도록
도움을 주어야 하고,
그들이 성장하는데
좋은 인도자가 돼주어야 한다.

爱孩子需要智慧，
智慧则需要学习。
父母既不应该拔苗助长，
也不能够无所作为。
应该根据孩子的天性和特长，
因势利导，顺水推舟，
帮助他们谨慎交友，
做他们成长的助推者。

Loving our children is also a matter of wisdom, and we need to learn in order to get the wisdom. It is inappropriate for parents to push their children too tight or completely neglect their responsibilities and do nothing at all. Parents should stimulate their children's development in accordance with their nature and characteristics and help them to choose friends wisely.

아이들의 성공을 기대하는 부모들은
종종 올바른 가정교육을 빗나가게 한다.
왜냐하면 부모의 기대와 연결된 교육으로 인해
부모가 이루지 못한 꿈이 아이들 꿈으로
전이될 수 있기 때문이다.
현실과 부합되지 않은 기대는
치유할 수 없는 고질적인 교육이
될 수 있기 때문이다.

父母们望子成龙，望女成凤的心理易使家庭教育偏离方向。
父母与孩子间的天然感情联系，
会把自己没实现的梦想转而寄期望于孩子，
不切实际的期待就成为难以根治的教育顽疾。

Parents always have overhigh expectations for their children, which could be very much likely to derail family education. Because of the inherent emotional bond between parents and children, parents are liable to implant their dreams that have not been realized into their children. And that kind of unreasonable expectation would cause serious problems in education.

부모는 아이를 자신의 부속품으로
생각해서는 안 되고,
아이들에게 부모의 의지대로 행동하라고
요구해서도 안 되며,
부모가 설계한 모습대로
아이들을 몰고 가서도 안 된다.
부모의 주요 임무는
아이들의 재능을 발견하고
그 재능을 키워주고 완성케 해주는 것이다.

父母不能把孩子看作是自己的附庸，
不能要求孩子按照自己的意志行动，
不能根据自己设想的模样来约束孩子，塑造孩子。
父母的主要职责在于发现孩子身上独特的东西，
然后加以培养，使之壮大并完善。

Parents should not take their children as an appendage to themselves, asking them to obey their will, and binding and moulding them as what they want them to look like. The primary responsibility of parents is to discover the unique endowments in their children, and nurture and develop them.

품성은 학문보다 무거우며
태도는 방법보다 중요하다.
가정교육의 가장 중요한 임무는
인격 성장을 도와주는 것이다.
평생의 발전에 영향을 끼치는 요소 중에서
점수는 그다지 중요하지 않다.
제약적인 작용을 하는 것은 품성과 품격으로
인간으로서 행복한지,
인간관계가 좋은지,
남으로부터 존중을 받는지
하는 것은 점수와는 상관없는 것이다.

品德重于学问，状态大于方法。
家庭教育最重要的任务是建筑人格长城。
影响终生发展的因素中，
分数并不是最重要的，
起着制约作用的是品德，品格，是做人是否快乐，
是否受人欢迎，尊重，
而不是考分有多少。

Virtue outweighs knowledge; attitudes outweigh methods. The principal task of family education is about shaping character, and among all the factors that may influence one's development, score is not the most important one. What will make a difference are your virtue and character, and whether you are happy and can win people's recognition and respect.

아이들의 자기주도적인 학습정신과
능력을 키워 줄 수 있는지의 여부는
보통의 학부모와 우수한 학부모간의
분수령이다.
자기 주도의 학습이 왜 중요한가?
아이들은 언젠가는 부모 곁을
떠나야 하기 때문이다.

能不能培养孩子的自学精神与自学能力，
是平庸父母与优秀父母之间的一道分水岭。
自学为什么很重要？因为孩子终究要离开父母，离开学校。

The main distinction between mediocre parents and excellent parents is whether they can teach their children to have the spirit and capacity of independent studying. Why is independent studying so critical? Because one day, kids will grow up, leaving their parents and the school they are familiar with.

아이들에게 있어서
이상은 제일 신성한 것이다.
아이들 스스로 꿈을 추구케 하는 것이
가장 완벽한 가정교육이다.
부모가 아무것도 하지 않았는데도
아이들이 끊임없이 추구해야 한다는 것을
알게 된다면,
그들은 최소한 절반은 성공한 셈이다.

对孩子来说，理想是最神圣的。
让孩子自觉地追求理想，是最完美的家庭教育。
实际上，父母可以什么都不做，
只要让孩子知道应永不停止地追求，
他们至少就成功一大半了。

In children's world, ideal is the most sacred thing. A perfect family education will enable children to pursue their ideal consciously. As a matter of fact, parents are allowed to just stand by and do nothing as long as they have taught their children the spirit of persistency in chasing their dreams. To some extent, by doing that, they are already half way to success in family education.

희망은 노력에 대한 특별 보너스이며
노력은 희망을 실현하는 유일한 경로이다.
부모는 희망의 씨앗을 아이들의 마음에
뿌려줘야 할뿐만 아니라
뿌리를 내리도록 해주어야 한다.
노력하지 않는 사람은
희망과는 인연이 없다.
하지만 희망이 있더라도
노력하지 않는다면
절망을 수확하게 될 것이다.

希望是对于努力的特有奖品；
努力是实现希望的唯一路径。
父母不仅要把希望播种在孩子心中，
更要让努力扎根于孩子身上。
不努力的人，与希望无缘。
希望，但如果不去努力，就会收获绝望。

Hope is an exclusive award for diligence; diligence is the only path to Hope. Parents should not only sow the seeds of hope but also lay the roots of diligence deeply in their children's heart. Where there is no sweat, there is no hope. Without industrious work, hope will turn out to be despair.

성장은 실수를 시험하는 과정이다.
아이들의 어린 마음은
마치 여린 새싹처럼 쉽게 상처를 받는다.
말 한마디 잘못했거나
한 가지 잘 못을 했다고 해서
부모의 엄격한 꾸중을 받게 되면,
이후에 다시는 감히 말도 못하고
아무것도 할 수 없게 된다.
이런 것들은 다 그들의 성장을 방해할 뿐이다.

成长是个试错的过程。
孩子幼小的心灵像稚嫩的幼芽，
很容易受到伤害。
说错一句话，做错一件事，
如果就受到了父母的严厉批评，
以后就再也不敢说、不敢做了，
这些都阻碍了他们的成长。

Part of the process of growth is about trial and error. Children's heart is as tender as a bud, which is very vulnerable and can easily get hurt. If children get harsh ciriticism from their parents every time they say or do something wrong, then they will never have the courage to say any words or do anything, which will apparently hamper their growth.

부모들은 눈을 보호 하는 것처럼
아이들의 천진함을 아껴주어야 한다.
동심은 인성 중에서 제일 진실한 거울이다.
동심이 있어야 마음을 활짝 열고
받아드릴 수 있으며,
동심이 있어야 호기심이 가득하여
탐색할 수 있으며,
동심이 있어야 마음속의 세계를
표현할 수 있으며,
동심이 있어야 조금의 숨김도 없이
소통을 할 수 있는 것이다.

做父母的要像爱护眼睛一样爱护孩子的天真。
童心是人性最真实的镜子。
有了童心，才能敞开胸怀接受；
有了童心，才能满怀兴趣探索；
有了童心，才能袒露内心世界；
有了童心，才能毫无掩饰交流。

Parents should protect children's innocence as much as they protect their eyes, because children's heart is as clear as a mirror which can reflect human soul. Only when you have a child's heart are you able to open your mind to new things, have strong curiosity to explore the outside world, open your heart to others and communicate without deception or concealment.

교육의 키포인트는 마음교육이다.
부모는 속세적인 것이고 천박한 것을
아이들에게 가르쳐서는 안 된다.
부모가 아이에게 위장·숨김·아부하는 것을
잘하도록 가르쳐 주는 것은
아이들의 순결한 천성을 더럽히는 것이며
아이들의 순진한 마음을 파괴하는 것이다.

育人的关键是育心。
父母不应把世俗的，
庸俗的东西教给孩子。
父母教孩子善于伪装，掩饰，讨好，
无疑是在玷污孩子纯洁的天性，
扼杀孩子纯真的心灵。

The key of parenting is about nourishing children's mind. Parents should not teach their children to be vulgar, hypocritical and insinuating, which will undoubtedly contaminate their purity and strangle their innocence.

만약에 아이들이
부모 생명의 연속이고,
미래의 축소판이라고 생각한다면,
부모는 아이들의
제일 중요한 자연스러운 모델이다.
우수한 아이의 성장배경을 보면
언제나 우수한 부모의 그림자를
엿볼 수 있다.
마찬가지로 인격이 건전하지 못한 사람은.
그의 가정에서 충돌과 모순의 그림자를
엿볼 수 있다.

如果说孩子是父母生命的延续与未来缩影，
那么父母则是孩子天然的榜样。
优秀的孩子的成长背景中，
总能找到优秀父母的影子；
同样，一个人格不健全的人，
也可以从其家庭中找到冲突和矛盾的源头。

If we say children are the continuation and epitome of their parents' lives, then parents are the initial role model of their children. We can always see in excellent children the image of good parents, and as well, we can also trace from the children with some personality defects the hint of conflicts in their early family life.

아이들의 재능과 잠재력을
발견하고 배양할 때,
제일 중요한 한 가지는
부모가 아이들의 행동을 격려해주고,
아이들의 각종 표현에서 드러나는 모습을
잘 관찰 포착해야 하며,
자신의 의지를
아이들에게 강요해서는 안 된다.
부모들이 아이들에게 강박적으로
자신이 미리 설계한 방향으로
나아가기를 강요한다면
'마음먹고 심은 꽃은 피지 않는다.'
는 것처럼 된다.
왜냐하면 부모들이 아이들을 위해
선택한 영역은
종종 아이들의 재능과 잠재력에 맞는
제일 좋은 방향이 아닐 수 있기 때문이다.

发现并培养孩子的天赋与潜能，
最重要的一条是父母要鼓励孩子表现，
并善于观察，捕捉孩子在各种表现中展露的风采，
而不是把自己的意志强加于孩子。
父母强迫孩子沿着自己预先设定的方向前进，
往往会“有心栽花花不开”，
因为父母为孩子选择的领域往往不见得
是孩子的天赋和潜能里最优秀的方面。

To discover and cultivate the gifts and potential of children, the most important rule for parents is to encourage them to show themselves and be observant in capturing the shining points in them. If parents force their children to follow the way they set, it will end in failure on most occurrences in that what are chosen for children are not necessarily what they are good at by nature.

부모는 아이들 앞에서
언행 하나하나를 조심해야 한다.
부모이기 때문에
아이들이 쉽게 따라 하기 때문이다.
아이들에게 모범이 되는 것은
그 어떤 감동적인 교육보다 효과적이다.
진정으로 교육을 아는 부모는
아이들을 위해 희생할 줄을 알아야 하는데,
그러기 위해서는
불량한 취미를 포기할 줄 알아야 한다.

父母应非常注重自己在孩子面前的一言一行。
为人父母，
一定程度上就是选择了一种限制自己的榜样的生活。
为孩子做出表率，比再动听的说教都有效。
真正懂教育的父母懂得为了孩子应作出一定牺牲，
放弃那些不良的个人爱好。

Parents must be very careful about what they do and say in front of their children. In other words, when you choose to become a parent, you, to some extent, choose a life of restricting your words and deeds, and being a role model. In family education, deeds are better than words. Parents who really understand the meaning of education are ready to make sacrifices and give up bad habits.

아이들은 세계에서 가장 위대한 관찰자이며,
또한 세계에서 제일 출중한 모방가이다.
가정교육에서 가장 효과적인 방법은
부모가 아이에게 시키는 일을
부모자신이 솔선하여 하는 것이다.
즉 부모가 아이들에게
무엇하기를 바라기 전에
그 바라는 것을
부모가 먼저 하면 되는 것이다.

孩子是世界上最伟大的观察家，
也是世界上最杰出的模仿家。
进行家庭教育最简单最有效的办法莫过于——
父母让孩子去做的事情，
最好父母自己要去做；
父母希望孩子成为什么，
父母最好先成为什么。

Children are the greatest observers as well as imitators in the world. The most effective and also the simplest way of parenting is nothing but to do first what they want their children to do, and to become the kind of people first who they want their children to become.

어떤 부모는 아이에게 무관심하여
방임한 채 두고
어떤 일도 아이와 함께
공동으로 해본 적이 없다.
어떤 부모는 스스로 '전문가'라고 생각하고
자신의 의지를 아이에게 강요하면서
쓸데없는 걱정만 하고
잔소리를 해대는 바람에
아이들의 동심을 잃게까지 한다.
어떤 의미에서는
후자가 전자보다 더 안 좋다고 할 수 있다.

有的父母不闻不问，任其自然，
从来没有与孩子有过共同的精神生活。
有的父母自认为是“专家”，
把自己的意志强加给孩子，
操了许多不应该操的心，
让孩子失去了真正的童年。
从某种意义上说，
后一种比前一种更糟糕。

There are a kind of parents who are uncaring, just letting their children grow by themselves and never sharing thoughts and experience with them. There are also another kind of parents who deem themselves as "experts", exerting their own will on their children and caring too much at the expense of a real and happy childhood of their children. In some sense, the latter is more harmful than the former.

이상적인 부모는
언제나 젊은 마음을 유지하고
아이들에게 동심을 돌려주어
아이들이 자유롭게 즐겁게 성장토록 한다.
아이들에게 충분한 인내심을 가져야 하고
어느 때를 막론하고
아이에 대한 믿음을 잃지 말아야 한다.

理想的父母，
应该永远保持年轻的心境，
懂得把童年，童心还给孩子，
让孩子轻松，自由，愉快地成长。
对孩子有足够的耐心，
无论什么时候，
都不会对孩子失去信心。

Ideal parents should always keep their mind young, protect children's innocence and give them a happy childhood to create an easy, free and pleasant environment for them to grow. And parents should also show enough patience to children and never lose confidence in them whatever happens.

이상적인 부모는
아이에 대해 실망하지 말아야 하고
칭찬과 격려에 인색하지 말아야 하며
모욕적인 평가를 하지 말아야 한다.
아이가 낙담하고 실망할 때
부모의 미소와 칭찬 한마디는
아이들의 강렬한 의욕을
불러일으킬 수 있으며
그들이 희망의 돛을 펼칠 수 있게 한다.

理想的父母应该永不对孩子失望，
决不吝啬自己的表扬和鼓励，
决不使用侮辱性批评。
当孩子沮丧，失望时，
父母的一个微笑，一个赞许
都会激起孩子的强烈情感，
扬起他们希望的风帆

Ideal parents never feel disappointed with their children, never grudge praises and encouragement, and never use abusive language to criticize them. When children get blue and depressed, a smile or a few words of encouragement from parents will be enough to cheer them up and give them hope.

아이들은 이미 학교에 입학하기 전에
상당한 자아 정체성을 지니고 있으며,
학교에서 학업의 성취감, 인간관계,
독립적인 자아의식을 형성하게 되는데,
이 모든 것은 입학 전에 행한
부모의 가정교육에 의해 결정된다.

在孩子进入学校前，
他就已经有了相当整体性质的自我，
在学校里，学业的成就，人际的交往，独立自主意识的形成，
在很大程度上都取决于父母之前对他的家庭教育。

Children have already had rather comprehensive self- cognition before they enter school. So whether they can get somewhere in their studies, have good interpersonal connections and further develop self-consciousness at school largely depends on family education they get at home before.

집과 학교는 교육 공동체가 되어야 하며
모두 아이의 교육을 책임져야 한다.
부모는 적당한 방법을 활용하여
두 가지 경향을 극복해야 한다.
즉 지나치게 선생님을 비난하고
아이 편을 들어주거나,
아니면 선생님에게 치우쳐서
지나치게 아이를 탓해서는 안 된다.
부모는 사실대로 아이들이 대우를 받도록
올바르게 대해주고
격려하고 도와주어야 하며,
선생님의 좋은 조수가 되도록
노력하게 하여,
아이들이 건강하게 성장할 수 있도록
지원해줘야 한다.

家庭与学校应该成为教育的共同体，
共同承担起教育孩子的责任。
父母要注意采用适当的方式克服两种倾向，
即过多责备老师，偏向孩子；
或偏向老师，过多责备孩子。
父母应实事求是，鼓励，帮助孩子正确对待不公正待遇；
应努力成为学校，老师的好帮手，帮助孩子健康成长

Both families and school should become part of the education community, observing the common responsibility of educating their children together. For the part of parents, they should do as well as they can to avoid two inclinations-only blaming teachers in favor of their children, or the other way around. The reasonable way for parents to handle this teacher-student relationship is to be objective and unbiased, for example, when children are treated unfairly, they should ecourage and help them to tackle it correctly. On the other hand, parents should also try their best to become a good helper of schools and teachers to promote the healthy development of their kids.

'천재'에 대한 정확한 기준은 없다.
부모는 자신의 아이들이
모두 특별한 천재라고 여겨도 무방하며,
간절히 기대하고,
인내심을 가지며,
더욱 더 아이를 이해해주고
과학적이고 지혜롭게 아이를 도와
잠재력을 발굴토록 해주며
아이들이 자신의 넓은 하늘에서
자유롭게 날 수 있도록
격려해 주어야 한다.

“天才”没有确定的标准。
父母不妨把自己的孩子都视为特殊的天才儿童，
热切期待，永远保持耐心，
更多了解自己的孩子，
科学而智慧地帮助孩子挖掘潜力，
鼓励孩子在自己的天空自由地翱翔。

There is no certain definition of “genius”. All parents may as well regard their children as genius with special talents, and be eager and patient enough to discover more about them. They should tap their potential scientifically and wisely, and encourage them to choose their own way.

교육은 결국 습관을 기르는 것이다.
좋은 습관은 평소의
작은 가르침에서 나온다.
어릴 적부터
아이들이 좋은 습관을 기르게 되면,
습관은 자연적으로 좋게 된다.
좋은 습관은 평생의 자산이 된다.

教育归根到底是培养习惯。
好习惯来自平时的点滴培养。
对父母来说，从小让孩子养成良好的习惯，
那么习惯就会成自然。
良好的习惯将使人终生受益。

Education, in essence, is about developing good habits, which is a natural result of daily efforts. Parents should teach children to form good habits since a young age, and day in and day out, those habits will become a natural part of them and benefit their whole life.

부모는 하나의 교육체로서
중요한 가치관과 양육방식 면에서
기본적인 공감대를 형성해야 한다,
특히 아이 앞에서 교육문제로
다투지 말아야 하는데,
그렇게 하지 않으면
아이들은 마음속으로 기회를 틈타
다른 사람을 공격하게 된다.
그렇게 되면 가정의 모순을 가속화시켜
부모와 자녀의 관계는 더욱 파괴된다.

父母是一个教育整体，
在重要的价值观念和养育方式上必须达成基本共识，
教育孩子必须要有父母双方的通力合作。
在孩子面前不要为教育方式发生争执，
否则，孩子就会心领神会地钻空子，
依附于一方，攻击另一方，
从而进一步加剧家庭矛盾，
加重亲子关系的紧张程度。

When it comes to educate their children, parents should perform as a whole, complying with each other, reaching basic agreement and avoiding disputes on crucial values and parenting methods. It requires joint efforts. Because children are so clever that they can take advantage of the disagreements between parents-counting on one part against the other-thus exacerbating family conflicts and increasing tension in parent-child relationship.

부모와 자녀의 관계는
가정교육의 기초이다.
일단 부모와 아이 사이에
대화가 없거나,
대화가 통하지 않으면
몇 마디 말도 많아 보이게 된다.
그러면 아이에 대한 부모의 교육은
매우 어려워진다.

亲子矢系是家庭教育的基础。
一旦父母和孩子无话可说或
话不投机说几句话就觉得多了,
那么，父母对孩子的教育就很难开展。

Parent-child relationship is the cornerstone of family education. Once there is almost no communication between parents and children or it has become harder and harder for them to communicate, it will become quite difficult for parents to conduct education.

동년의 비밀은
아직도 많이 발견되지 않았고,
동년의 가치는
아직도 많이 인식되지 못하고 있다.

童年的秘密远远没有被发现，
童书的价值远远没有被认识。

The secrets of childhood are far from fully understood. The value of children's books is far from fully recognized.

부모와 자녀간의 소통은
그 어떤 교육으로도 대체 할 수 없다.
타지에서 일하고 있는 부모들은
아이들과 함께 생활할 수 있다면
당연히 좋겠지만,
만약 안 된다면,
최대한 아이들과
문자든 전화든 편지든
연락망을 구축해야 한다.
아이가 눈앞에 없더라도
절대로 마음의 시야에서
사라지게 해서는 안 된다.

亲子之间的交流，任何教育都无法代替。
对于外出打工的父母来说，
如果能和孩子一起生活当然最好；
如果不能，就应该尽可能跟孩子建立联系，
无论是短信，电话还是传统的通信方式都可以。
就算孩子不在眼前，
也绝不能让他从你心灵的视野中消失。

Parent-child communication cannot be replaced by any kind of education. For parents who work in the cities far away from their hometown, it would be best to take their children with them and live together. If that is impossible, they should try to build up connections with their kids as much as they can, whether through texting messages, making phonecalls or writing letters. Even if your children are not allowed to live in front of your eyes, you can never make them disappear from your heart.

그림책의 중요한 작용 중의 하나는
바로 아동과 부모의 친밀관계를
구축해 준다는 점이다
왜냐하면 그림책은 읽어줘야
아이가 이해를 하기 때문에
읽어주는 과정에서
관계가 형성될 수 있는 것이다.
아이들이 부모의 품에 안겨서
조용히 아름다운 이야기를 듣는 것은
아이들이 잊을 수 없는
기억으로 남기 때문이다.
TV에서 나오는 그 어떤 전문적인 이야기도
부모들의 따뜻한 품을 대체 할 수는 없다.

绘本的重要作用之一 就是建立起儿童与父母的亲密关系。
因为绘本需要父母讲述，
讲述的过程，就是建立关系的过程。
孩子依偎在父母的怀里，
静静地聆听那些美丽的故事，
是儿童永远不会遗忘的记忆。
电视里再专业的讲述，
也无法代替父母怀抱的温暖。

One important function of picture books is helping people to establish an intimate parent-child relationship. When parents read softly for their kids with their heads nestling in their arms quietly listening to the beautiful stories, the ties between them are built and strengthened, and this scene will become an unforgettable memory for the children. However fantastic the cartoons are on the TV show, they can never replace the warm arms of parents.

어릴 때부터
그들이 무엇을 읽고, 어떻게 읽는지
많은 관심을 가져야 한다.
일단 아이들이 독서의 필요성을
느끼게 되면
독서가 그들의 일상적인 생활이
될 것이므로
더 이상 간섭할 필요가
없게 된다.

孩子小的时候,
对于他们读什么，怎么读，应该多加关心。
一旦孩子有了高品质的阅读需求,
阅读成为他们的日常生活时,
就没有必要干涉了。

When kids are young, parents should keep close eyes on what content they read and how they read. But when they have developed good reading habits and have made high- quality reading part of their lives, there is no need to step in any more.

부모는 자기의 의견을 아이들에게
강요해서는 안 된다.
아이들에게 부모 자신의 관점과 의견을
표현하고 일깨워 주는 것은 가능하지만,
절대로 강박하거나 위협해서는 안 된다.

父母不能把自己的意见强加给孩子。
可以向孩子表达自己的观点和意见，
适当提醒是可以的，
但是千万不应该强迫，威胁。

Parents can express their ideas and opinions in front of their children but can never force their children to accept and recognize them. And giving appropriate advice is fine, but that can never resort to the means of exerting high pressure or even threatening.

아이들이 필요한 것을
만족시켜주려 할 때
부모는 분수를 지켜야 한다.
아이들을 도와 미션을 완성할 때
부모는 절제할 줄을 알아야 한다.
부모는 아이들을
나무인형으로 만들지 말고
아이 스스로 자유롭게
통제할 수 있도록 해야 한다.
아이들의 꼭두각시가 되어
아이들이 하는 대로
놔두어서도 안 된다.

在满足孩子的需要时，
父母应该注意分寸，
帮助孩子完成任务时，
父母应该有所节制。
父母不能把孩子变成牵线木偶，
让孩子任由自己掌控，
也不能成为孩子的傀儡，
任凭孩子摆布自己

When it comes to meeting children's demands, parents should draw an explicit line between loving and spoiling. When it comes to helping children complete certain tasks, parents should also draw such a line between facilitating and dominating. Neither should parents be manipulated by their children nor manipulate their children as a puppet.

사람마다 남들에게 보여주기 싫은
자기만의 세계가 있으며
혼자만 간직하고 싶은 비밀이 있다.
이 공간이
남에게 점령당하게 해서는 안 된다.
많은 아이들에게는 사실 비밀이 없다.
단지 자신만의 신비로운 세계를
간직하려는 것일 뿐이다.
그러기 위한 제일 좋은 방법은
아이와 친구 되는 것이며,
친구가 되어 서로의 마음을
활짝 열게 하는 것이다.

每个人都有自己不想被别人知道的世界，
都有自己需要保守的秘密。
这个空间不应该轻易被别人占领。
许多孩子其实没有什么秘密，
他就是需要保持自己的这样一方神秘世界而已。
最好的办法是成为孩子的朋友，
作为朋友，他会向你敞开他的世界。

Everyone has his own secrets and keeps a world only to himself that he never wants to share. It is a space that should not be arbitrarily entered and disturbed. In fact, for many children, they do not have many secrets. They just need such a wonderland to be themselves. For parents, the best way to know more about that world is to become their friends, and they will be happy to open their heart in turn.

아이들은 부모가 친구처럼 다가 와
서로 의견을 나누고
어른으로써 지적하는 것이
아니라고만 여긴다면
아이들은 부모의 의견을
쉽게 받아들인다.

当孩子觉得父母是朋友一样提供建议,
不是以长者的身份来教训他的时候,
父母的意见往往更容易被接受。

When parents offer advice to their children as friends rather than scold them by virtue of their authority, they will find their opinions are more likely to be accepted.

교육은 마음의 예술이다.
육체적인 고통으로는 마음의 문제를
해결 할 수가 없다.
그래서 '회초리교육'은
절대 해서는 안 되는 것이다.

教育是心灵的艺术，
皮肉之苦永远解决不了心灵的问题。
棍棒是所有教育手段中最不应该使用的。

Educating is an art about heart. Among various teaching methods, "stick-parenting" is the last way to be resorted to. Because physical punishment can never be the right answer to psychological problems.

침묵과 꾸짖음보다
스스로 깨우치게 하는 교육이 중요하다.
아이들은 스스로 잘못을 깨닫게 되면
그 자신이 매우 고통스러워한다.
이 때 부모가 꾸짖게 되면
아픈 상처에 소금을 뿌리는 것과 같아
오히려 아이들의 반감을
불러일으킬 수가 있다.
이 때 부모의 침묵과 이해는
오히려 아이들을 감동시켜
자신을 되돌아보게 할 수 있다.

沉默比批评更能促使自我教育的发生。
当孩子已经意识到自己做错时，
他本人一定会非常难过。
此时父母的批评，
等于在伤口上又撒了一把盐，
有时还会激起逆反心理。
此时父母的沉默与理解，
反倒能感动孩子进行反思。

Compared with criticizing, silence is more effective in stimulating self-educating. When children realize that they have done something wrong, they must be very sorry. If parents criticize them severely at that time, it will make them feel worse, or even make them rebellious. On the contrary, if parents keep silence, children will feel grateful to their parents for their well-timed silence and understanding, and hence reflect on their behavior.

체벌은 부모의 무능함을 말해준다.
'회초리교육'은 아이의 존엄을
상실하게 하고,
아이의 공포감을
불러일으키게 하며
아이가 폭력을 모방하게 하고
아이의 반항심을 길러준다.
사람이 자존심을 파괴당하면
진정으로 일어서기가 어려워진다.

体罚表明父母无能。
棍棒让孩子失去尊严，
让孩子产生恐惧，
让孩子模仿暴力，
让孩子产生对立。
做人的自尊心一旦被摧毁，
孩子将很难真正地站立起来。

Physical punishment indicates the incompetence of parents. It injures children's self-esteem, makes them scared and rebellious, and sets a bad example of using violence for them to imitate. Once the self-esteem is trampled underfoot, it will be hard for the young children to stand up again.

좋은 부모는 자녀교육을
무미건조한 책임과 임무라고
생각하지 않으며,
하나의 재미,
하나의 누림,
하나의 풍족함으로 여긴다.
교육의 행복을 누릴 수 있는
부모야말로
다채로운 교육을
연출 할 수가 있다.

好父母不把教育孩子看成是枯燥的责任和义务,
而会视为“一种乐趣，一种享受，一种富足”。
只有能够享受教育的父母,
才会演绎教育的精彩。

Good parents don't regard educating children as a pure responsibility and a dull task, but a pleasure, an enjoyment and a treasure to be cherished. And only those who genuinely enjoy the process of educating can become outstanding parents.

'가장'이라는 개념은
사실 상대를 폄하하는 말이며
'가부장적'이라는 말은
민주적인 말이 아니다.
우리는 '가장'이라는 이름 하에
종종 일방적으로 아이들을 대하는데,
"너는 내가 낳았기에
내 말을 들어야 하며,
안 들으면 맞을 수도 있다"
고 말하곤 한다.
이처럼 가정교육에서
'인격평등'이 상실되는 교육은
결코 오래 갈 수가 없다.

朱永新“家长”这个概念，
其实是个贬义词，
含有“家长制”，非民主的意思。
我们常常居高临下地对待孩子，
以家长自居：“你是我生的，我让你听，你不听，找揍！”
如此，家庭教育缺失了“人格平等”，
没有人格平等的教育，是走不远的。

The concept of “Jiazhang” (patriarch) is actually a derogatory term, implying the meaning of “patriarchy”, “undemocratic”. In front of our children, many parents always take a condescending attitude just because of the identity as “parents”, now and then yelling at their children, “I give you life, so you must follow my rules! If not, I will give you a good beating!” In families like that, “personality equality” is merely a blank check, without which, education can't go far.

가정에서
부모의 교육방식과 자녀를 대하는 태도는
자녀의 인격발달과 개성을 형성케 하는
중요한 요소이다.
민주주의적인 가정의 부모는
늘 어른친구처럼 아이에게 다가가서
자녀들에게 흥미와 취미로
발전할 수 있는 자유를 주며
자주 아이들과 각종사물에 대해
의견을 교류하고
종종 자녀에 대하여 믿음을 표현해 주며
설령 시험에 실패했어도
자녀를 열정적으로 격려해주면
아이들은 미래에 대해
언제나 희망으로 가득 차게 된다.

家庭中父母的教养方式以及对子女的态度，
是影响子女人格发展和个性形成的重要因素。
民主型家庭的父母往往是以大朋友的身份出现，
他们给予孩子发展兴趣和爱好的自由，
能经常与孩子交流对各种事物的看法，
常常对孩子表示信任，
即使考试失败也会给予孩子热情的鼓励，
让孩子对明天永远充满希望。

In a family, the way of parenting and the attitudes parents take toward their children play a vital role in the development and formation of children's personality and character. In a "democratic family", parents always communicate with their children as older friends and treat them as equal. They give their children much freedom to develop their interests and hobbies; they exchange ideas with them on every facet of life; they always show confidence in them, and even if they fail in exams, all they offer is encouragement and hope.

PART. 8

성공은 성공의 아버지이다

成功是成功之父

Success Is the Father of Success

인생은 평등하다.
진정한 성공은 다른 사람을 이겨
“사람 위에 서는 사람이 되는 것”이 아니며,
자신을 이겨내야 더욱 강한 힘으로
다른 사람을 도와줄 수 있는 것이다.

人生而平等。
真正的成功不是战胜别人，
成为“人上人”，
而是战胜自我，
拥有更强的能力去帮助他人。

Everyone is born to be equal. The real success is not vanquishing others and being a man of higher position, but conquering the weakness within yourself so as to have greater ability to help others.

동일한 돌이라도.
어깨 위에 있으면 무거운 짐이 되고
발밑에 디디고 서면 발판이 된다.
동일하게 당함에도
누구는 원망하고 누구는 분발한다.
원망하는 자는 그것이 무거운 짐이 되고,
분발하는 자는 그것이 발판이 된다.

同样的石头，
背在肩上就是包袱，
踩到脚下就成高度。
同样的遭遇，有人哀怨，有人奋起，
哀怨者得到包袱，奋起者成就高度。

Encountering a big stone, some people choose to put it on their shoulders, thus it becomes a heavy burden, while some people choose to step on it, thus it turns into a stepping stone. In the face of difficulties, some people just keep whining and do nothing, while some people rise up and fight back. So complainers will be dragged down by burdens, while fighters will reach new heights.

한 사람이 필요한 최대한의
긍정적 에너지는 이상과 자신감이다.
이상은 미래에 대한 추구와 동경이며
원동력의 근원이다.
자심감은 내 자신, 사회, 인류에 대한
근본적인 믿음이며
내려놓거나 포기하지 않게 하는
제일 중요한 정신적인 지주이다.
이상을 향하여 자신감을 갖게 되는 것은
성공을 향해 날아가는 날개이다.

一个人所需的最大正能量是理想和自信。
理想，是对未来的憧憬与追求，
是一个人前行的最大力量来源。
而自信，是对自己，对社会，对人类的根本信任，
是一个人不抛弃，不放弃的重要精神支柱。
理想朝向远方，自信立足当下，这是飞往成功的双翼。

The most important source of positive energy one needs comes from ideal and self-confidence. Ideal is the expectation one has toward future and where one's ambition lies, the greatest driving force to push one forward. Selfconfidence is the fundamental trust one has in himself, society as well as humankind as a whole, and the spiritual support for one to never give up. With ideals, we can always have something to look forward to; with self-confidence, we can turn dreams into reality. They are the wings to fly us to the destination of success.

삶이 사람을 파괴하는 것은
소리 없이 낙숫물이 댓돌을 뚫는 것과 같다.
마찬가지로 삶이 사람을 성취시키는 것도
소리 없이 삶의 사소한 부분과 과정에
관심을 갖고 삶의 주인이 되면,
삶에 의하여 성취할 수 있는 것이다.

生活毁灭人是无声无息的，有如滴水穿石。
同样，生活成就人也无声无息，
关注生活的细节和进程，成为生活的主人，
就能被生活所成就。

A man can be destroyed by life, bit by bit, just like the natural phenomenon that constant dropping wears a stone. But a man can also be shaped by life in a good way. If we carefully observe all the facets of life, discover and learn to utilize the law of it, we will become a better man by the power of it.

성공의 크기는
유혹에 저항하는 능력과
정비례한다.

一个人的成就大小与他抵制诱惑的能力成正比。

The achievements one can make throughout his life are in direct proportion to his ability to resist temptation.

죽은 자와 산 자의 차이는
숨을 쉬냐 안 쉬냐의 차이이다.
산 자와 산 자의 차이는
정신상태의 차이에 있다.

死人与活人的差别
在于一口气。
活人与活人的差别在于状态

The discrepancy between the living and the deceased is whether they are capable of breathing, while the discrepancy among the living can be boiled down to their attitudes toward life.

자신감은 성공의 첫 번째 조건이고
사람을 배양 하는 것은
자신감을 배양시키는 것이며
사람을 무너뜨리는 것은
자신감을 무너뜨리는 것이다.

自信是成功的第一前提，
培养人就是培养他的自信，
摧毁人就是摧毁他的自信

The first premise of success is self-confidence. When we talk about fostering someone, we foster his confidence. Likewise, to destroy someone, we destroy his confidence.

세상과 단절된
섬 같은 사람은 없으므로
모든 사람은
타인의 인정을 필요로 하는 것이다.

没有人是与世隔绝的岛屿，
每个人都需要来自他人的肯定。

No one is an isolated island in the world. Everyone of us needs recognition from others.

항상 성공을 거두면
상대에게 자신감을 세워줄 수 있고
상대에게 성취동기를
부여해 줄 수 있으므로
성공은 성공의 아버지가 되는 것이다.

经常取得成功，
可以使人建立自信，
可以提高一个人的成就动机，
所以，成功是成功之父。

Success can enable people to establish self-confidence and make them become more self-motivated for achievement. So success is the father of success.

삶에 대한 태도는
인생의 높이를 결정한다.
즉 태도는 하나의 방법이며,
하나의 안목이다.
동일한 세월 앞에서
모든 사람들은 모두 다른 삶을
창조할 수 있다.
그렇지만 적극적인 삶이 될 수도 있고
부정적인 삶이 될 수도 있다.

人生的态度决定人生的高度。
态度是一种方法，也是一种眼光。
同样的时光，每个人都能创造出不同的生活，
可以积极，也可以消极。

One's attitude toward life determines the height of his life. It is a kind of approach and also a vision. Everyday we spend the same amount of time living, but the difference is that some of us lead a positive life, some lead a negative one.

성공한 자는 실패한 자보다
난관을 하나 더 넘었을 뿐이다.

成功者就是比失败者多迈过一道难关。

The only reason why some people succeed and some others not is that the former are persistent and can go through one more adversity.

성공한 자는
운명을 자기의 손에 들고 있고,
가야 할 길이 자신의 발아래
있다는 것을 안다.
실패자는
운명을 하늘에 맡기는 것이
실패자의 인생철학이다.
노력할 때는 최선을 다 하고
수확을 할 때는 천명을 기다리는
그런 사람이야 말로 운명의 총애를 받는다.

成功者知道，命运在自己的手中，
道路在自己的脚下。失败者却把未来托付给未知，
听天由命是失败者的人生哲学。
努力时尽人事，收获时听天命，
这样的人一定会得到命运的青睐。

The winners are clearly aware that their destiny is at the hands of themselves, and the road is under their own feet. Yet the losers, holding the philosophy that man should leave his fate to Heaven, just go with the flow and take everything as it comes. Man proposes, God disposes, and God always favors those who help themselves.

같은 어려움에 직면했을 때
서로의 차이점은
어려움을 대하는
태도와 방법에 달려있다.
성공한 자는 문제점을 꼼꼼히 분석하고
모든 역량을 동원하여 문제를 해결하고
실패자는 어려움에 놀라
문제 앞에서 손을 놓고 있다가
결국 문제에 의해 넘어지고 만다.

面对同样的难题，
差异在于对待的态度和方法不同：
成功者会认真分析问题，
调动一切力量解决问题；
失败者却常被问题吓倒，
在问题面前一筹莫展，
最后被问题打倒。

In the face of a thorny problem, the differences between winners and losers is what attitudes they take toward it and how they deal with it-the former will get to the bottom of it and then utilize all the resources within reach to solve the problem, while the latter are often daunted at the first sight, then feel totally at sea, and at last surrender to it.

사람은 위대해 질 수도 있고
보잘것없이 작아 질 수도 있다.
끊임없이 노력하고
끝까지 포기하지 않는다면
영원히 발전하고 성장할 수 있다.
이것은 성공한 자의 기본적인 신념이다.
실패자는 운명의 주도권을 스스로 내주고
운명의 가변성을 믿지 않기에
변화와 진보,
그리고 발전 가능성을 잃어버리게 된다.

人可以变得很伟大，
也可以变得很渺小。
只要自己不断努力，永不放弃，
就会不断进步和成长——
这是成功者最基本的信念。
失败者却主动出让命运的决定权，
不相信人的可变性，
也就丧失了变化、
进步与发展的可能性。

A man can be very great, and can be very small. As long as one makes unremitting efforts and never gives up, diligence will be finally rewarded-this is what successful people truly believe. Yet for losers, having no faith in the power of human's resilience, they subjectively submit themselves to the hands of Heaven, thus giving up the opportunities to change, improve and develop.

강인함은 성공한 사람의 중요한 품성이다.
그러나 실패한 사람은 이런 품성이 없으며
오직 다양하게 시작에는 열중하지만
단 한 번도 결과를 추구하지 않아
'뿌리기만 하며 수확은 따지지 않는다'
는 결과로 되고 만다.
실패자가 실패하는 원인은
끊임없이 노력하기를 포기하기 때문이다.

坚韧是成功者重要的品质。
失败者却没有这样的品质，
只热衷于各种各样的开始，
但从来不追求结果，
还美其名曰：只求耕耘，不问收获。
其实，失败者之所以失败，
是因为他在不断放弃耕耘。

Perseverance is an important character of winners, which losers lack. Losers are enthusiastic about making promises but only exert half-hearted efforts, boasting of themselves as not being utilitarian and not caring about outcome. As a matter of fact, the reason why losers lose is all because they give up by the wayside.

성공한 자는 자신을 위해 살며
자신의 방식대로 산다.
그리하여 다른 사람의 눈치를
보지 않는다.
하지만 실패자는
감히 자신의 깃발을 세우지 못하고
현재의 삶에 만족해하는 가운데
사람들 속에서
점점 자아를 상실하고 만다.

成功者是为自己而活着，
按照自己的方式活着，
因此不看别人的眼色行事。
失败者却不敢树立自己的旗帜，
满足于生活的现状，
在人群中逐渐丧失自我。

Winners live for themselves and go their own way, so they do not have to adjust their behaviors to others' opinions. Yet losers, on the contrary, are too scared to be different and content with the status quo, gradually losing themselves among the multitude.

적절한 망설임은 이성적이고 신중한 것이며
과도한 망설임은 쉽게 넘어질 수 있다.
성공한 자는 자신의 사고에
장애물을 설치하지 않으며
탐구의 발길을 멈추지 않는다.
실패자는 늘 스스로 적신호를 켜고
장애물을 만들며
망설임과 기다림 가운데
또 하나의 기회를 잃는다.

适度的犹豫是理智谨慎，
过度的犹豫反容易跌倒。
成功者不会给自己的思维设置路障，
更不会停止探索的脚步。
失败者却经常给自己亮起红灯、
搬来障碍，
在犹豫和等待中错失一个又一个的机会。

A moderate degree of hesitation can be called sensible and discreet, while excessive hesitation can lead to failure. Winners always think out of the box and never set limitations, nor will they stop exploring uncertainties. Losers, instead, always stop by the wayside and create barriers to themselves, letting go opportunities one after another in endless hesitation and waiting.

실패에 직면했을 때,
원망으로는 문제를 해결하지 못한다.
중요한 것은
문제의 원인을 발견하는 것이며
같은 실수를 반복하지 않는 것이다.
실패자는 남을 탓하기를 좋아하고
책임을 회피하는데 급급하여
친구들의 지지를 잃는다.
성공한 자는
스스로 반성도 하고 자책도 하며
원망할 때도 있으나
절대로 쉽게 주변 사람들이
미워하거나 원망을 받지 않는다.

面对失败时，抱怨不能解决问题，
关键是发现错误的原因，
下一次不犯同样的错误。
失败者喜欢怨天尤人，
不主动承担责任，
因此会失去朋友的支持。
成功者会反思，会自责，
即使有时会抱怨，
也绝不会轻易埋怨伙伴。

In the face of failure, it is futile to complain. The key is to keep querying the underlying causes to avoid making the same mistakes. For losers, they are inclined to blame fate or everyone else but himself, and dodge their responsibilities, which will lead to a loss of support from friends. Yet for winners, they always conduct self-reflection, self- introspection and even self-criticism. And sometimes they do complain too, but chances are very rare that they lay blame upon their companions.

“일을 잘하려면, 좋은 도구가 필요하다”
방법은 강을 건너는 다리이며
자물쇠를 여는 열쇠이다.
성공한 자는
언제나 효과적인 방법을 잘 이용하여
자신을 위해 서비스를 제공하며,
실패자는 방법에 대해 탐구하지 않고
늘 헛수고만 한다.

“工欲善其事，必先利其器”
方法是过河的桥梁，是开锁的钥匙。
成功者总是善于利用有效的方法为自己服务；
失败者却不注意方法的探求，
往往劳而无功。

“A workman must sharpen his tools first if he is to do his work well.” Method is like the bridge linking to the other side of a river, or the key to open a lock. Successful people always excel at adopting the most effective method to achieve their goals, while losers pay little attention to the exploration of methods and always make futile efforts.

성공하는 자는
자신에 대하여 엄격하며
자신의 행동이 목표의 방향과
부합되도록 하며
실패자는 늘 자신에 대해
관대하고 파도에 따라 흘러간다.

成功者一般都严格要求自己，
使自己的行为符合目标的方向，
失败者却常常放任自己，随波逐流。

Generally speaking, winners are always strict with themselves, adjusting their behavior to live up to their initial goals, while losers often take a liberal attitude toward themselves, letting themselves drift with the current.

성공한 자는 철저한 준비를 했기에
언제나 모든 가능성을 생각할 수 있으며,
동시에 각종 예방책을 세운다.
실패자는 반대로
모든 가능성을 다 불가능하다고 여기며
'불가능'이 나타났을 때
허둥대며 대처하지를 못한다.

成功者由于准备充分，
往往会考虑到各种可能性，
同时作好各种预案，
所有的“意外”都是预料之中的事情。
失败者则相反，
认为一切的可能都是不可能，
在“不可能”出现时惊慌失措，难以应对。

With full preparation and 360-degree consideration on all possibilities of how things will go, winners always set out solutions accordingly in advance, transforming the accidental into the predictable. Yet to losers, the case is just the opposite. Taking for granted that everything is impossible, they always get into panic and find no way out when those "impossibilities" befall them.

성공한 자는 언제나 사고하기를 즐기며
한편으로는 일하고
한편으로는 배우며
한편으로는 사고하여
끊임없이 일하는 방법을 종합하면서
일의 속도를 조절한다.
뒤돌아보는 것은
성공한 자의 중요한 품성이다.
실패한 자도 분주해하고 수고는 하지만
방향에서 멀어졌기에
행동이 헛되고 목적이 맞지 않는다.

成功者总是善于思考，
边工作，边学习，边思考，
不断地总结工作方法，调整工作节奏，
反思是成功者的重要品质；失败者也忙忙碌碌，
辛辛苦苦，可是由于偏离方向，
往往南辕北辙，做无用功。

Successful people are always thoughtful, and self-reflection is one of the important qualities they have. They think as they work and study, keep improving working methods and adapt their working tempo in a timely manner. With regards to losers, it seems that they are no less busy and diligent with their work, but they tend to end up achieving nothing due to deviating from the right path at the very beginning.

성공한 자는
사물이 발전하는 각종 가능성에 대하여
충분한 사고와 대응책을 갖고 있으며
주도적으로 상황을 통제하고 움직인다.
그러나 실패자는 반대로
언제나 수동적인 상태에 처해있다.

成功者对事物发展的各种可能
有充分的思考和应对策略，
能主动控制和驾驭局势。
失败者则相反，
经常处于被动应付的状态。

Winners, as they tend to give full consideration to all possibilities of how things will develop and set up strategies accordingly, are capable of taking the initiative and controlling the overall situation. On the contrary, losers are always struggling and at the mercy of the situation.

성공한 자는
언제나 자아를 발견할 수 있으며
각종 활동을 통하여
자기를 나타내고 잠재력을 발굴한다.
실패자는
늘 자신을 스스로 무시하며
자신을 넘어뜨린다.
실패자는
늘 "나는 못해"라고 말하고
성공한 자는
늘 "난 할 수 있어"라고 말한다.

成功者总是能发现自我，
通过各种活动展示自我、挖掘自身潜能。
失败者往往自己看不起自己，
从而自己打倒了自己。
失败者往往说"我不行"，
成功者往往说"我能行"。

Winners can always discover themselves, show themselves and tap their potential by making the most of every opportunity. Losers, however, always belittle themselves, thus being defeated by themselves. What winners frequently say is "Yes, I can", while what losers frequently say is "No, I can't".

물론 성공하려면 끊임없이 노력해서
기회를 만들어야 하지만,
기회는 자주 오는 것이 아니며
아무 때나 만들 수 있는 것도 아니다.
때로는 기다리는 것도
성공하는 자의 중요한 특징이다.

成功者固然要努力创造机会,
但是机会并不是频繁出现,
也不是能够随时制造的。
有时候，善于等待也是成功者的重要特征。

No doubt winners always make great efforts to create opportunities, but opportunities do not come along easily, nor can they be created any time and any where. Sometimes, being patient is also a key quality of winners.

성공한 자는 자신에 대해 책임을 지고
자신의 행동과 명예에 대하여
책임을 진다.
실패자는 대충 바라만 보고 있고
눈에 보이는 결과만 바라며
일시적인 찬란함만 추구한다.

成功者对自己负责，
对自己的行为、信誉负责；
失败者只求过得去，
只求表面上的成绩，
只求暂时的辉煌。

Winners are tough with themselves-they set high benchmark for their conduct and cherish their reputation, while losers always take a perfunctory attitude toward life and work, and merely seek for superficial and short-term results.

환경의 힘을 맞서기 힘들 때
환경의 지배를 피할 수는 없다.
중요한 것은 어떠한 환경 속에서도
성공한 자는 자신의 사명을 잊지 않고
자신이 추구하는 것을 포기 하지 않으며
그의 마음이 환경의 지배를 받지 않는다.
성공한 자는 먼저 환경에 적응할 줄 알며
그 다음 환경을 바꾸고 환경을 지배한다.

当环境的力量难以抗衡时，
受环境的支配不可避免。
关键是，无论在怎样的环境下，
成功者都不会忘记自己的使命，
都不会放弃自己的追求。
他的心，不会受环境支配。
成功者首先会适应环境，
然后去改变环境，支配环境。

When it is hard to resist the indifferent power of the environment, it is inevitable to submit to it. The point is, no matter what circumstances they are exposed to, winners will never forget their mission and will never give up their dream, because they have a strong heart that will never yield. What they usually do first is adapting themselves to the external environment, then trying to change it and even control it.

현대 사회에서
주변 사람들의 지지와 협력이 없다면
사회적으로 성공할 수가 없다.
성공한 자는 언제나 주변 사람들을
도와주기를 즐거워하며
또한 진심으로 도움을 주면
자신 또한 도움을 받을 수 있다.
실패자는 헌신을 모르고
다른 사람의 도움만 바란다.
그리하여 다른 사람의 도움과
지지를 받을 수가 없는 것이다.

在现代社会，
没有大家的支持与合作就不可能取得事业上的成功。
成功者总是乐于助人，
而真诚帮助别人，也会得到别人的帮助。
失败者不讲奉献，只求别人给予，
所以不可能得到别人的帮助与支持。

Living in the modern society, one can never gain success without the support and cooperation from others. Winners are willing to help, thus they can always get help from others in return. Losers, on the contrary, only think about taking instead of giving, hence they cannot possibly get assistance and support from others.

비록 변화가 계획보다 빠를지라도
때로는 돌다리도 두드리며 건너야 한다.
하지만 만약 계획이 없으면
변화에 대응할 수가 없다.
성공한 자는 행동하기 전에
목표가 매우 뚜렷하고
자신이 어디로 가야 하는지를
알고 있으며
어떤 문제들이 발생 할 것인지를
알고 있다.
하지만 실패자는 앞뒤를 가리지 않고
어려움과 결과를 전혀 고려하지 않고
아무런 계획도 없이
성급하게 행동부터 한다.

尽管计划没有变化快，
有时也需要我们摸着石头过河，
但如果没有计划，就无法应对变化。
成功者在行动之前目标已经很清晰，
知道自己应该往哪里去，
基本知道可能会出现什么问题。
失败者却是不管三七二十一，
不考虑困难与后果，
毫无计划就仓促做了起来。

It is true that plans cannot catch up with changes, and it happens that sometimes we need to play to the score. Still, without making plans, we would be powerless to respond to any changes. It is a common practice of winners that they set clear goals before taking a move, so they know where they are heading for and can foresee what problems may occur. Yet for losers, they just rush into their work without any plans, regardless of forthcoming challenges and consequences.

성공한 자는 한편으로는
자신을 즐겁게 받아드리고
다른 한 편으로는
타인과도 여러 가지 비교를 하여
적극적으로 뒤돌아보며
자신의 부족함을 발견한다.
실패자는 종종 타인의 장점으로
자신의 단점과 비교하여
갈수록 자신감이 없어지며
혹은 타인의 단점으로
자신의 장점을 비교하여
결과적으로 안하무인이 된다.

成功者一方面接受自己，悦纳自己，
另一方面也会和别人进行各种比较，
积极反思，发现自己的不足。
失败者往往喜欢用别人的优点来
对比自己的缺点，越比越没有信心，
或者用别人的缺点来比自己的优点，
结果变得目中无人。

Winners, on the one hand, accept and embrace themselves with pleasure, and on the other, they compare themselves with others on various aspects and actively conduct self- examination to try to find out their weaknesses and improve themselves. Losers, instead, are used to comparing their shortcomings with others' strengths, thus getting more and more self-contemptuous, or they go to another extreme-contrasting their strong points against others' weak points, thus becoming arrogant and disdainful.

성공한 자는
모든 이용 가능한 역량을 잘 이용하고
동원 할 수 있는
모든 적극적인 요소를 잘 동원하며
그의 목표가 원대하므로
사람들은 그와 함께 나아가기를 원한다.
실패자는
오히려 혼자서 고군분투하고
좌절을 당할 때는 혼자서 직면해야 하므로
성공의 확률은 훨씬 작아진다.

成功者善于利用一切可以利用的力量，
善于调动一切可以调动的积极因素，
他目标远大，人们愿意与他一起前行。
失败者却只顾自己个人孤军奋战，
遇到挫折时只能独自面对，
因此成功的概率就要小得多。

Winners are good at making use of all the forces available and mobilizing all the positive factors possible. They have such great expectations as can inspire people to stride forward by their side. Losers, however, only want a one- man battle, so when there are difficulties and obstacles, they have to face them alone, and just because of that, their chance of success is much slighter.

성공한 자는
성공을 향해 가는 길이
결코 순조롭지 못하다는 것을 안다.
온갖 시련을 거쳐야만 된다는 것을 알기에
성공을 더욱 소중히 여긴다.
실패자는
고난에 대하여 마음의 준비가 부족하며
각종 도전에 직면하기를 싫어하고
좌절을 당할 때면 더욱 위축된다.

成功者知道，
通往成功的道路不可能一帆风顺，
只有经过各种考验，
成功才更显得珍贵。
失败者对待困难缺乏足够的心理准备，
不愿意面对各种挑战，
遭遇挫折时便畏缩不前。

It is crystal clear to winners that the road to success can in no way be smooth, and it is all the wind and waves they pull through that make success more precious. Contrarily, lacking phychological preparation, losers are reluctant to embrace challenges and tend to shrink from difficulties.

성공한 자가 성공할 수 있는 것은
많은 대가를 치렀고
노력도 많이 했기 때문이다.
반대로 실패자는
종종 희망을 헛된 우연에 기대한다.
사실 뿌린 대로 거두고,
노력한 만큼 얻는 법인데,
이것이 세상에서
제일 간단한 진리이다.

成功者之所以能够成功，
在很大程度上是因为付出更多，工作更努力。
相反，失败者往往把希望建立在虚无缥缈的偶然性上。
其实，一分耕耘，一分收获，
这是世界上最简单的真理。

An important reason why some people can succeed is that they are more dedicated to their work. Those who do not, on the contrary, hang all their hopes on some once-in-a- blue-moon chance. As a matter of fact, “no pains, no gains” is the simplest truth under heaven.

독자적인 사람은
모두 광풍을 만날 수 있고
성공한 자는
풍랑을 헤치고 마지막에 웃을 수 있으며;
실패자는
왕왕 저항할 힘이 없어
신속하게 물러난다.
성공은 굳건한 의지에서 나온다.

特立独行的人都会遭遇狂风，
成功者能够抵挡住风浪，笑到最后；
失败者往往无力招架，迅速退缩。
成功来自对正确的坚持。

Those who do not follow the crowd are much likely to suffer more hardships. Winners can withstand various storms and stick to the end. Losers, however, always flinch quickly from difficulties and can hardly hold their own. Success stems from persistence.

성공한 자는 항상 남다른 것을 추구하며
언제나 차별화를 좋아한다.
왜냐하면 성공한 자는
가장 좋은 것은 없고
오직 더욱 좋은 것만 있으며
특색이 바로 탁월한 것임을
알고 있기 때문이다.
실패자는 오히려 같은 것을 좋아하고
군계일학을 싫어하며
그리하여 수많은 기회를 놓치고
끝내는 사람들 속에 묻혀 버린다.

成功者总是追求与众不同，
总是喜欢标新立异，
因为成功者知道，
没有最好只有更好，
特色就是卓越。
失败者却喜欢趋同，
不愿意鹤立鸡群，
因此失去许多机会，
最终淹没在茫茫人海当中。

Winners tend to pursue being out of ordinary and do something unconventional, because they are fully aware that there is no such thing as the best in the world but better, and to be unique is to be excellent. Yet losers prefer to drift with the trend rather than stand out, hence losing many an opportunity until they lose their individual being in the vast crowd.

성공한 자는
광명과 어두움의 터널에서
윤회의 필연성을 알고 있다.
여명일 때는 어두움이 온다는 것을
예상하고 있으며,
어두움일 때는 광명이 곧 온다는 것을
굳게 믿고 있다.
실패자는 기다림의 인내심을
쉽게 상실하고
어두움 속에서 고통스럽게 울부짖으며
심지어 여명이 오기 전에
마지막 노력을 포기 한다.

成功者知道，
光明与黑暗在时间的隧道中是必然的轮回，
在黎明时要预料黑暗总会降临，
在黑暗时也要坚信黎明就要来到。
失败者却容易丧失等待的耐心，
在黑暗中痛苦地哀鸣，
甚至在黎明到来前放弃了最后的努力。

Winners know it's common knowledge that light and darkness appear in our life alternately. They foresee the befalling of darkness when they are still in the light, and they believe in the advent of dawn when they are going through darkness. On the contrary, losers easily lose patience. Moaning in the darkness, they just give up at the last minute before the dawn arrives.

인재가 되려는 뜻을 세우는 사람은
하고 싶은 대로 하는 성격이
없어서는 안 된다.
환경은 언제나 준비 되어
맞이해주지 않는다.
타고난 성격과도 싸워야 하므로
만약에 있는 힘을 다하지 않으면
영원히 자신의 실력을
발휘할 수 없을 것이다.

每个立志成才的人都不可缺少“为所不欲为”的品质.
环境永远不可能万事俱备,
还要和与生俱来的惰性斗争,
不去勉力为之,可能永远不知道自己的实力.

People who are determined to become a useful person unanimously have the quality of "doing things that are against their nature". They fight against intertia, because they are fully aware that God cannot possibly be there any time for you. Try your utmost, or you will never know the greatness in you.

한 사람의 자아에 대한 평가는
왕왕 그 사람의 성공 여부를 상징한다.
자신감은 스스로를 강하게 만들고
적당한 '교만'은
사람들로 하여금 성공으로 이끈다.

一个人对自我的评价，
往往是这个人能否成功的标志。
自信使人自强，
适度"骄傲"使人成功。

Generally speaking, how one comments himself is an indication of whether he will achieve success. Confidence makes one stronger, and moderate pride leads one to succeed.

내일의 상황이 어떠할지는
오늘의 행동에 의하여 결정되며,
오늘의 모든 것도
내일을 위하여 준비하는 것이다.
따라서 내일에 대한 환상에 빠지지 말고
진실한 마음으로 오늘에 충실 하는 게 낫다.
매일 마다 겨울 속의 우리 모습을 보면서
막 떠오르는 태양을 향해
우리는 “오늘이 최고다!”라고 외치자.

明天的情况如何，
从根本上讲取决于今天的所作所为，
今天做的一切也是为明天作准备。
因此，与其沉溺于对明天的幻想，
不如用心让今天充实起来。
让我们每一天对着镜子中的自己、
对着初升的太阳说一声：
“今天最好！”

What you will achieve tomorrow primarily depends on what you do today. In other words, the efforts you make today is for the sake of tomorrow. Therefore, rather than indulge ourselves in tomorrow's fantasies, it would be better to enrich ourselves at present. So let's pay a tribute to "today", saying loudly to ourselves as well as the the rising sun everyday, "Today is the best gift we ever have!"

PART. 9

생명력의 의미는 불가능에 도전하는데 있다

生命的意义在于挑战不可能

The Meaning of Life Lies in Challenging Impossibilities

생명력은 물론 길이가 필요하지만
넓이, 두께 그리고 역량이 더욱 필요하다.
생명력의 의미는 불가능에 도전하는데 있다.
불가능을 가능으로 바꾸면
생명력은 전설로 기록될 수 있다.

生命，固然需要长度，
但更需要宽度、厚度和力度。
生命的意义在于挑战不可能。
把不可能变为可能，
生命就被书写为传奇。

It is true that the length of life means a lot to us, but what is more important is its width, depth and strength. The meaning of life lies in challenging impossibilities and turning the impossible into the possible. If we can live a life like that, then our life can be called “a legend”.

등반은,
더 아름다운 풍경을 보기 위해서다.
훗날,
등반가는 그 아름다운 풍경이 되었다.

攀登，
是为了看更美丽的风景。
后来，
攀登者成了最美丽的风景。

People keep climbing in order to see a better view. And gradually the climbers themselves become the most breathtaking scenery.

야생화는 자신의 보잘 것 없는 생명력으로
모든 산에 경의를 표한다.
우리는 자신의 아주 작은 생명력으로
이 세상을 꾸미자.
모든 사람은
이 세상을 더욱 아름답게 만들 수 있다.

野花用自己微小的生命向群山致敬。
我们用自己微小的生命装点这个世界。
每个人，都可以让这个世界更加美好。

Wild flowers, however tiny they are, pay high tribute to the mountains by blooming. Human beings, however insignificant we are, adorn the world by living our life to the full. Everyone of us can make the world a better place to live.

모든 사람은 각자가 무궁무진한
가능성을 갖고 있다.
인재라는 것은 일부의 가능성을
현실로 만드는 것이다.
천재라는 것은
가능성을 최대한 실현하는 것이다.

每个人都有无限的可能性。
所谓人才，
就是把一些可能性变成了现实。
所谓天才，
则是最大程度地实现了可能性。

Everyone has countless possibilities ahead of him. Those who can turn some of the possibilities into reality are called "talents", and those who can realize those possibilities to the full are called "geniuses".

큰 은혜는 형체가 없고
자주 무시당하지만.
작은 은혜는 형체가 있으며
매번 소중하게 여김을 받는다.

大恩无形而常遭忽视，
小惠有形而每被看重。

Great kindness is always ignored for it appears in no shape, while little favors are always valued for it is visible.

신앙은 없어도 되지만
경외는 없어서는 안 된다.
신앙은 선한 힘을 증진시키고
경외는 악을 행하는 힘을 구속시킨다.

可以没有信仰,
不能没有敬畏。
信仰增进从善的力量,
敬畏约束作恶的力量。

One can live without faith, but can never live without reverence, because the former is the power to stimulate the good, while the latter is the power to rein the evil.

행복은 절대로 먼저 당신의 문을
두드리지 않는다.
오직 당신이 먼저 행복의 문을
두드려야만 한다.

幸福从来不会主动敲你的门，
只有你去敲幸福的门。

Happiness does not appear out of thin air but is the outcome of ceaseless pursuit.

낙관주의는 하나의 심리상태이지
사실의 경우와는 상관이 없다.
자그마한 들꽃이라 해도
바람에 따라 태양의 빛을 노래한다.
희망이 없다고 하더라도
영원히 절망할 필요는 없다.

乐观是一种心态，
其实与境遇无关。
即使一棵小小野草，
也会跟着风的方向，
歌唱一路的阳光。
即使没有希望，
也永远不要绝望。

To be optimistic is a matter of attitude, which has nothing to do with the position you are situated. As fragile as tender grass are, they still take pleasure in swinging with the wind and singing for the sun. So even if the silver lining does not show up for the time being, do not lose hope.

현실세계는
우리 내면세계의 그림자이다.
친구는
세상이 우리를 위하여 열어준 창문이다.

现实世界其实是我们心灵世界的倒影。
朋友是世界为我们打开的窗。

The real world is the projection of our inner world; friends are the window of the world.

위대함은 전념을 다해서 만들어진다.
유혹이 많고 어지러운 이 시대에
전념한다는 것은 희소품이 되었고
위대함도 이로 인하여 보기 드물어졌다.

伟大由专注铸就。
在充满诱惑，令人眼花缭乱的时代，
专注愈发成为稀有品，伟大也因此罕见。

Concentration breeds greatness. In a dizzying era full of temptations, the quality of concentration has become a rarity, so has greatness.

우수함이 탁월함의 적으로
될 수 없는 것은
우수함 자체의 문제가 아니고
우수함이 틀려서도 아니다.
단지 '우수한' 마음상태는
사람에게 만족감을 주고,
위기의식을 사라지게 해주며
과거에 하던 방식대로
움직이게만 하기 때문이다.

优秀会成为卓越的敌人，
不是优秀本身的问题，
更不是优秀的错，
而是“优秀”的心态会让人满足，
让人没有危机意识，
让人习惯按照过去的方式运转。

Excellence can turn out to be an obstacle to itself. Actually, there is nothing wrong with the state of "being excellent" but how we feel about it. When people have achieved some accomplishments, they are prone to being content with the status quo, thus lacking a sense of crisis and getting stuck in the mindset.

가장 큰 적은 내 자신이다.
사람은 늘 자신한테 무너진다.
내 자신을 여는 열쇠가
바로 세상의 문을 여는 열쇠이다.

最强大的敌人是自己。
人总是被自己打倒的。
开启自我的钥匙，
就是打开世界的钥匙。

The most formidable enemy we have is ourselves, so we are always defeated by ourselves. Once we conquer ourselves, we conquer the whole world.

사람은 밧줄에 묶여 죽는 게 아니고
스스로의 공포감에 지쳐 죽는다.
앞으로 향하면 길은 생긴다.
다른 사람이 만든 길은
자기가 걸어 온 길보다 확실하지 않다.
그러나 자신이 걸어온 길에서는
늘 자신의 발자국을 찾을 수가 있다.

人，不是被绳索捆死的，
而是被自己的恐惧困死的。
只要行走，就有出路。
别人造出来的路，
永远没有自己踩出来的路实在。
后者，总可以找到自己的脚印。

Man will not be defeated by difficulties unless he is defeated by his own fear first. So don't be afraid and stick to you own path. The road built by others, no matter how atrractive it looks, is no match for yours. From the latter, you can always find your own footprints.

여정이 멀고 안 멀고는
거리의 길이에 있지 않고
마음의 준비에 있다.

路途是否遥远，
不在距离的长短，
而在内心的准备。

Whether you will have a long journey ahead of you does not depend on the actual distance but how well you prepare for it.

실력보다 외면적인 것을
믿는 사람에게는
호랑의 가죽으로 된
큰 깃발을 들고 있는 것보다는
그들 옆에서 생생한 호랑이처럼
성장하는 것이
그들을 일깨워주는 약이다.

对那些相信虎皮不信实力的人来说，
比拉大旗作虎皮更好的办法，
是成长为他们身边那只活生生的老虎。

The best way to deal with the people who rely on power and authority instead of personal strength is not to become the same people as they are, but to become the people with great power.

좋아하는 것을 포기하는 것은 쉽지 않으나
꿈을 방기하는 것은 어렵지 않다.
포기하지 않는 것은 감정이며,
방기하는 것은 의지의 표현이다.

不抛弃容易，
不放弃困难。
不抛弃是情感的认同，
不放弃是意志的坚定。

It is easy not to abandon someone you like, but it is hard not to give up your dream in the face of difficulties. The former suggests an emotional recognition, while the latter indicates a strong will.

풍경이 아름다운 곳은
늘 제일 격렬한 변화를 겪은 곳이다.

风景最美丽的地方，
往往经历过最剧烈的变化。

The most breathtaking scenery usually comes out of the most violent changes.

인생은 어쩔 수 없을 때가 많다.
그 속에서 가능한 것을 찾고
그 틈에서 생존하는 것을 배워
자기를 위하여 발전할 수 있는 공간을
찾아야 한다.
다른 사람을 용서하는 것은
타인에게 공간을
열어주는 것일 뿐만 아니라
자신이 성장할 수 있는 공간을
더 크게 만들어 주는 것이다.

人生有许多无奈。
要学会在无奈中有为，
在夹缝中生存，
为自己寻找最大的发展空间。
而宽容别人，
不仅是给别人留出空间，更是给自己的成长留出空间。

There are many times that we may feel powerless in our life, but we must learn how to make a difference in a hopeless situation and try to survive in the cracks to open up the largest space for development. Forgiveness can not only spare room for others but more for us to grow.

한 가지 문제를 지속적으로 생각하면
영감이 갑자기 내 곁으로 온다.
지속적이지 못한 것은
인내심이 부족해서 그런 것은 아닌지
되돌아볼 필요가 있다.

持续地想一个问题，
灵感往往会突然到来。
有时候，其实是我们没有耐心。

If we keep pondering over a question, inspiration will often knock the door out of the blue. Sometimes, we just lack some patience.

산과 산의 연결은
작은 돌들이 필요하지만
사람과 사람의 연결은
마음과 마음이 필요하다.
믿음을 쌓는 것은
오랜 과정이 필요하지만
믿음을 깨는 것은
작은 일 하나면 충분하다.

山与山的连接只需要一小片石头，
人与人的连接却需要整个的心灵。
建立信任需要一个很长的过程，
失去信任只要一件小事。

Only by a small piece of stone can a mountain adjoin another, but the connection between people requires the whole heart. The process of building up mutual trust could be very long, but it can be easily destroyed by a trivial thing.

눈썹 위에서
땀을 흐르게 하지 않으면
눈썹 아래에서
눈물을 흘리게 된다.

眉毛上面没有汗水，
眉毛下面就会有泪水。

If there is no sweat above the eyebrow, tears will well out below.

모든 사람의 삶은
모두가 하나의 연출이다.
당신은 연기자이기도 하고
편집자이기도 하며
또한 감독이기도 하다.
연출이 훌륭한가의 여부는
일부는 배경과 도구에 의해 결정되지만
최종적으로는 본인의 스토리가
다른 사람들을 매료시키는지의
여부에 의해 결정된다.

每个人的一生都是一出戏，
你是演员，也是编剧兼导演。
演出的精彩与否，
部分取决于布景等道具，
而最终取决于你自己的故事是否引人入胜。

Life is like a play. Everyone is the actor, scriptwriter and director of it. The excellence of the play partly depends on the stage scenery, but ultimately it is determined by whether it tells an absorbing story.

꿈은
무조건 이루어지는 것은 아니지만
더 멀리 갈 수 있게는 해준다.

梦想不一定能把人带到彼岸，
但一定能让人走得更远。

Dream can not necessarily take one to his destination, but can surely lead him further on the road.

하늘은 수많은 생명력가운데서
우리를 선택하였으며
오직 나답게 살아야만
이 선택에 보답하는 것이다.
오늘을 마치 내일처럼 사는 것이
최고의 삶의 방식이다.

苍天从无数可能的生命中选择了我们，
我们只有活出自己，
才对得起这个选择。
把今天当明天过，
是最好的活法。

The destiny has chosen us from millions of possible lives to come into the world. The only thing we can do to repay that sacred choice is to live our life to the full. Treating today as the last day we will have is the best philosophy of living.

증오는 지혜의 적이다.
증오를 내려놔야
세상을 뚜렷하게 볼 수 있다.

仇恨是智慧的敌人。
放下仇恨才能看清世界。

Hatred is the enemy of wisdom. One will not see through the ways of the world until he lets go of his hatred.

남들이 나를 무너뜨려도
포기하지 않으면
다시 일어설 수 있다.
그러나 스스로 무너지면
새로운 기회가 오기는 힘들다.

被别人打倒，
只要自己不放弃，
就能够再次站立；
被自己打倒，
很难有新的机会。

If one is knocked down by others, he still has the chance to stand up on his feet again as long as he does not give up, but if one is defeated by himself, it can be very hard for him to start all over again.

어떤 사람과 어울리느냐에 따라
당신도 그와 같은 사람이 된다.

与谁为伍，
你就会成为谁。

You will become the kind of people whom you stand by.